# Conversation in Spanish

## Points of Departure

*Sixth Edition*

CYNTHIA SCHMIDT-CRUZ
FRANK SEDWICK

HEINLE & HEINLE
★
™
THOMSON LEARNING

United States • Australia • Canada • Mexico • Singapore • Spain • United Kingdom

**HEINLE & HEINLE**

™

**THOMSON LEARNING**

**Conversation in Spanish: Points of Departure**
*Cynthia Schmidt-Cruz & Frank Sedwick*

**Publisher, College Foreign Language:** *Wendy Nelson*
**Production Editor:** *Sarah Cogliano*
**Marketing Manager:** *Jill Garrett*
**Associate Marketing Manager:** *Kristen Murphy-LoJacono*
**Manufacturing Coordinator:** *Marcia Locke*

**Composition:** *Carlisle Communications*
**Cover Design:** *Ha Nguyen*
**Interior Design:** *Carole Rollins*
**Printer:** *Mazer*

For permission to use material from this text or product contact us:
Tel      1-800-730-2214
Fax      1-800-730-2215
Web      www.thomsonrights.com

**ISBN: 0-8384-1663-2**

**International Division List**

**ASIA (excluding India)**
Thomson Learning
60 Albert Street #15-01
Albert Complex
Singapore 189969

**AUSTRALIA/NEW ZEALAND**
Nelson/Thomson Learning
102 Dodds Street
South Melbourne
Victoria 3205 Australia

**CANADA**
Nelson/Thomson Learning
1120 Birchmount Road
Scarborough, Ontario
Canada M1K 5G4

**LATIN AMERICA**
Thomson Learning
Seneca, 53
Colonia Polanco
11560 México D.F. México

**SPAIN**
Thomson Learning
Calle Magallanes, 25
28015-Madrid
España

**UK/EUROPE/MIDDLE EAST**
Thomson Learning
Berkshire House
168-173 High Holborn
London, WC1V 7AA, United Kingdom

# Tabla de materias

# Preface

*Conversation in Spanish: Points of Departure, sixth edition,* retains the strengths of the fifth edition while presenting a new, thoroughly updated, content and look. The most immediately noticeable difference are the photographs that replace the illustrations of previous editions. These scenes from real life with real people have been carefully selected to convey an impression of each unit's central theme and to stimulate the students' imaginations, encouraging their creative reaction and interpretation.

All of the units have been revised, and two completely new scenes replace outdated material. *"Las computadoras y el ciberespacio,"* one of the new units, responds to the tremendous impact of computers and the Internet in our daily lives, and provides students with the necessary Spanish vocabulary to talk about cutting-edge computer technology. The new scene entitled *"La universidad"* enables students to discuss the university campus and its infrastructure as well as student life and their studies. In order to eliminate gender-based stereotypes, what was formerly two separate units—*"Compañeros de cuarto"* and *"Compañeras de cuarto"*—has been telescoped into one, *"La residencia de estudiantes."*

Units that have been considerably revamped in the sixth edition are: *"Los medios de comunicación"* (formerly *"La oficina de redacción"*), *"El cine y el teatro"* (formerly *"El teatro"*), *"La música"* (formerly *"La orquesta sinfónica"*), and *"El ocio"* (formerly *"Los pasatiempos"*). The new focus of each of these units reflects social and technological change, and makes the material more contemporary and youth-oriented. The unit *"Mapa de la Península Ibérica"* has been completely revised to highlight the new political organization of Spain into autonomous communities. Several other unit titles have been altered in order to evoke a more engaging concept for today's student, for instance *"La política"* replaces *"La persuasión"* and *"El arte de vender"* is now *"Comprar y vender."*

The vocabulary list contained in each unit has been tailored to correspond to the new image or images. Out-of-date terms, such as "stenographer" and "teletype," have been removed. Many new terms have been added to address technological advances, as well as current economic trends and cultural issues, for example "cellular phone," "e-mail," "automatic teller," "mutual funds," "greenhouse effect," "unisex hair salon," and "to divorce." The accompanying bank of questions has also been rewritten to match the new images and vocabulary.

Users of the sixth edition will notice that it addresses the student with the familiar form, *tú*. This change has been incorporated to create a more direct and less formal rapport between the text and the student, as well as to reflect the expanded use of *tú* in many Spanish-speaking countries.

Finally, stimulating new *"Imaginar y presentar"* sections have been created for each scene. These dramatic, controversial, or amusing situations are aimed at inspiring the students to work creatively with the vocabulary and concepts featured in the unit. Additional roles have been written in, for the purpose of including up to four students in each dramatization. The heightened role of visual media in our society has been taken into account. For example, students are asked to represent television newscasts and commercials, and perform tongue-in-cheek take-offs of familiar television shows or movies. Other scenarios, which focus on study abroad situations and cultural differences, tap into the expanded global awareness of contemporary students.

The basic structure of the fifth edition of *Conversation in Spanish* has been retained in the sixth edition, including its design for flexibility. Each scene is self-sustaining and there is no progressive degree of difficulty. You may begin anywhere, skip around among the units, omit whatever may not be pertinent for the class. One scene and its accompanying vocabulary, questions, and exercises easily provide sufficient material for a one-hour class. *Conversation in Spanish* is suitable for use at nearly any level, beginning with third semester Spanish, and is appropriate for both university and high school students, in addition to continuing education and adult students.

The second part of the book's title, *Points of Departure,* suggests the scenes can and should be expanded, with free and creative responses to the exercises. Each unit has one to four photos (with the exceptions of four scenes that have a menu, calendar, and maps), a set of questions designed to utilize the vocabulary for analysis of the image(s) and discussion of the central theme, three suggested topics for discussion (oral or written), and a role-play situation. An appendix of numbers, verb tenses, and irregular verbs is included for easy reference. It may be helpful for students to have a dictionary, depending on how expansively the material will be worked.

The word list in each lesson includes three groupings: (1) verbs; (2) adjectives and expressions; and, (3) nouns. The words provided are either used in the exercises, or are key words for answering the questions or creating the scenario. Grouping continues to be logical or sequential, rather than alphabetical.

The questions always total twenty and are divided between the two types, *"Análisis de la foto (or las fotos)"* and *"Puntos de partida."* No question can be answered by just "yes" or "no," and many do not have a single correct answer. Students should be encouraged to use their imagination when there is no obvious answer. Usually the *"Puntos de partida"* questions require a more thoughtful reply, at times eliciting a definition or explanation. Preparation of the responses may be oral or written, but is best done outside of class.

*Conversation in Spanish* can be used successfully for work in pairs or small groups during the class hour. In order to vary the traditional instructor-centered classroom format in which the instructor asks the questions and the students reply, the class could be divided into groups of two to four students, with the students asking and answering the questions among themselves. The instructor could have the students complete all twenty questions as group work, or a smaller portion of the question bank, depending on how long "supervised independent" work can be sustained. This type of group work enables all the students in the class to be engaged and speaking simultaneously, thus greatly increasing each student's opportunity to use Spanish actively during the class period. Additionally, students who are shy or self-conscious about speaking Spanish in the presence of the instructor and the entire class invariably lose their inhibitions and open up in a smaller, more intimate group. During the group work, students can also be encouraged to write down additional questions that come up, and then ask these of their classmates or teacher. This extra question-writing activity is also an excellent way of building in flexibility to allow for different group rhythms—it enables the groups who finish the assignment first to continue working with the material while the other groups are completing the exercise. During the group work, the instructor can circulate among the students to answer any questions or doubts they may have, and to monitor progress. Or, the instructor may choose to take turns participating as a member of each group. Upon completion of the group work, it is advisable that the entire class come together again for the purpose of recapitulation and closure. At this time, the instructor can ask each group to report briefly on their discussion or discoveries, or to share particularly interesting, creative, or unique responses.

The three topics in *"Temas para conversación"* can be discussed orally—among the entire class or in groups—or developed in written form. They could also serve as topics for individual oral presentations. If individual presentations are incorporated into the classwork, it may be helpful to begin by assigning very brief, or "mini" expositions (of a two-minute duration, for example) in order to help to ease the anxiety this type of assignment may create for some students. The length of the presentations can gradually be increased as students gain confidence.

The *"Imaginar y presentar"* section presents a problem or situation for students to act out and resolve. Students should have group brainstorming sessions (in Spanish, of course) to think through and prepare their skit before performing it. However, instead of reading off a prepared script, students should be encouraged to use only notecards containing keyword prompts. Letting go of a written script is daunting for many second language students, but it is a goal worth pursuing.

We hope that the many users of earlier editions of *Conversation in Spanish: Points of Departure* will be pleased with the Sixth Edition's facelift for the new millennium.

# Aviso preliminar

A continuación encontrarás una lista de palabras que aparecen con frecuencia en las lecciones siguientes. Muchas de estas palabras ya las conocerás—de lo contrario, te aconsejamos aprenderlas ahora. También te sugerimos que estudies los tiempos de verbos, los verbos irregulares más comunes y los números—todos los cuales se encuentran en el Apéndice. Las indicaciones establecidas para los verbos con cambios en la radical (**ie; ue; ie, i; ue, u; i, i**) aparecen entre paréntesis con los verbos en la lista de cada lección.

**comprar** to buy
**costar (ue)** to cost
**deber (de)** should, ought, owe
**describir** to describe
**elegir (i, i)** to choose
**esperar** to hope, to expect, to wait
**explicar** to explain
**guardar** to keep, to maintain, to hold
**gustar** to be pleasing (to like)
**leer** to read
**mirar** to look (at)
**mostrar (ue)** to show
**nombrar** to name
**ocurrir** to happen
**pagar** to pay
**parecer** to see, to appear
**pasar** to happen
**preferir (ie, i)** to prefer
**querer (ie) decir** to mean
**servir (i, i)** to serve, to be of use
**significar** to mean
**suponer** to suppose
**usar** to use; to wear (*articles of clothing and bodily adornments*)
**vender** to sell
**vestir(se) (i, i) de** to wear (*articles of clothing and bodily adornments*)

**deber** *m.* duty (*more lofty than* **quehacer**)
**desventaja** *f.* disadvantage
**dibujo** *m.* picture (*drawing*)

**lugar** *m.* place
**objeto** *m.* object
**propósito** *m.* purpose
**quehacer** *m.* duty, chore, task
**semejanza** *f.* similarity
**ventaja** *f.* advantage

**además (de)** besides
**al fondo** in the background
**a la derecha** on the right
**a la izquierda** on the left
**al lado de** at the side of, next to, beside
**bajo, debajo de** underneath, under
**cerca de** near, close to
**delante de** in front of
**de nada** you are welcome
**después de** after, afterwards
**durante** during
**detrás de** behind
**encima de** over, on top of
**en frente de** in front of
**en primer plano** in the foreground
**entonces** then
**(Está) bien** all right
**gracias** thank you
**mientras (que)** while, as long as
**por favor** please
**pues** well
**situado** situated
**también** too, also
**(Vamos a) ver** let's see

to telephone, call, make a call **telefonear, llamar, hacer una llamada**

to dial a number **marcar un número**

to answer (*the telephone*) **contestar (al teléfono)**

to make a long-distance call **hacer una llamada de larga distancia, poner una conferencia**

to reverse the charges **cobrar al número llamado**

to have the wrong number **estar equivocado de número**

to cut off (*a call*) **cortar (la comunicación)**

to dial direct **marcar directo (directamente)**

to hang up **colgar (ue)**

to call collect **hacer una llamada a cobro revertido**

to accept the charges **aceptar el pago**

to pick up (*a receiver*) **levantar**

to ring **sonar (ue)**

to resort to, ask **recurrir a**

to wait (*for*) **esperar**

to hear **oír**

to leave a message **dejar un mensaje**

to fax **enviar un fax, enviar por fax**

sure, certain **seguro**

the line is busy **la línea está ocupada**

hello! **dígame, diga** (*Spain*); **bueno** (*Mexico*); **aló** (*Colombia, Peru, Ecuador*); **a ver** (*Colombia*); **hola** (*Argentina, Uruguay*)

telephone **el teléfono**

receiver **el auricular**

pay (public) telephone **el teléfono público**

long distance **larga distancia**

telephone bill **la cuenta de teléfono**

telephone book **la guía telefónica, el directorio**

telephone booth **la cabina telefónica**

local call **la llamada local**

collect call **la llamada a cobro revertido** (*o* **a cobrar**)

person-to-person call **la llamada de persona a persona**

cordless phone **el teléfono inalámbrico**

cellular phone **el teléfono móvil**

answering machine **el contestador automático**

fax machine **el fax, la máquina de fax**

telephone card **la tarjeta telefónica**

operator **el, la telefonista; el operador, la operadora**

telephone number **el número de teléfono**

area code **el código territorial** (*Spain*)**, el código de área**

party line **la línea compartida**

private line **la línea particular**

dial tone **la señal para (de) marcar, el tono para (de) marcar**

switchboard **el cuadro de distribución, el conmutador**

cord, wire **el cordón**

digit **el dígito, el número**

minimum charge **la tarifa mínima**

hand **la mano**

# 1    Hablando por teléfono

## Análisis de las fotos

1. ¿Quién ha llamado a quién? ¿Por qué?
2. ¿Desde qué tipo de teléfono está llamando el hombre?
3. ¿Qué necesita el hombre para hacer la llamada?
4. ¿Qué clase de teléfono está usando la mujer?
5. Describe la conversación.

## Puntos de partida

6. ¿Cuál es el número de teléfono de tu casa?
7. ¿Tienes un teléfono móvil? ¿Cuál es su número?
8. ¿Cuáles son las ventajas de los teléfonos móviles?
9. ¿Cuáles son los inconvenientes?
10. ¿Cuánto cuesta la llamada local desde un teléfono público?
11. ¿Cuántos dígitos tiene tu número de teléfono?
12. ¿Cuál es el código del área donde vives?
13. Si quieres hacer una llamada y no sabes el número, ¿qué puedes hacer?
14. Describe una guía telefónica y su contenido.
15. ¿Tienes un teléfono inalámbrico en tu casa?
16. ¿Tienes una tarjeta para hacer llamadas telefónicas?
17. ¿Qué horas del día son mejores para hacer una llamada de larga distancia?
18. ¿Quién aceptaría una llamada tuya hecha a cobro revertido?
19. ¿Con qué compañía telefónica tienes tu contrato telefónico?
20. ¿Tienes un contestador automático? ¿Para qué sirve?

## Temas para conversación

1. La cuenta mensual del teléfono.
2. Cómo hacer una llamada de larga distancia a cobro revertido.
3. Una conversación telefónica.

## Imaginar y presentar    *Enact the described situation in Spanish.*

Two family members go to the store to purchase a new telephone for their house. One of them, who is concerned about their budget, wants a standard telephone and no answering machine. The other thinks they need a cordless phone and an answering machine. The salesperson explains to them the many options available: the cordless phone, the answering machine, the cellular phone, the fax machine. Wanting to make a big commission, the salesperson tries to convince them to buy as many of the items as possible. At one point, the salesperson spots a repeat customer in the store and recruits him/her to tell them how useful the cell phone and fax are. The original customers ask about the features and advantages and disadvantages of each option, with one person receptive to the sales pitch and the other resisting it.

to listen (to) **escuchar**
to study **estudiar**
to annoy, bother **molestar**
to chat **charlar, platicar**
to read **leer**

neat, clean **aseado, limpio**
untidy, dirty **desarreglado, sucio**
quiet **silencioso**
noisy **ruidoso**

room **el cuarto**
roommate **el compañero, la compañera de cuarto**
dormitory **la residencia de estudiantes, la residencia estudiantil**
wall **la pared**
window **la ventana**

windowsill **la repisa de la ventana**
poster **el cartel**
key **la llave**
key ring **el llavero**
radio **la (el) radio**
lamp **la lámpara**
light **la luz**
blanket **la manta, la frazada**
bed **la cama**
bunk bed **la cama en litera**
bookcase **el estante para libros**
desk **el escritorio**
chair **la silla**
notebook **el cuaderno**
pencil **el lápiz**
watch **el reloj**
eyeglasses **las gafas, los anteojos**

male **el varón**
hand **la mano**
back pack **la mochila**
magic marker **el rotulador**
book **el libro**
jewelry box **el joyero**
sweater **el suéter, jersey**
sweat shirt **la sudadera**
t-shirt **la camiseta, la remera**
alarm clock **el despertador**
sheet **la sábana**
shorts **los pantalones cortos**
sneakers, tennis shoes **las zapatillas deportivas**
cap **la gorra de béisbol**
stereo **el aparato de estéreo**
clothes **la ropa**
closet **el armario**

# 2   La residencia estudiantil

## Análisis de las fotos

1. ¿Qué hace el chico que está encima de la cama?
2. ¿Dónde crees que está?
3. ¿Qué ropa lleva puesta?
4. ¿Qué cosas tiene sobre la mesilla de noche?
5. En la segunda foto, ¿qué objetos hay encima del escritorio?
6. ¿Crees que el chíco es un estudiante universitario? ¿Por qué sí o no?
7. ¿Qué hay encima de la cama?
8. ¿La habitación está ordenada o desordenada?
9. ¿Qué hay en las paredes de las habitaciones?
10. ¿Dónde hay lámparas?
11. ¿Es posible beber o comer y estudiar al mismo tiempo? ¿Por qué sí o no?

## Puntos de partida

12. ¿En qué son diferentes los cuartos de los chicos de los de las chicas?
13. ¿Compartes tu cuarto con alguien más? ¿Con quién?
14. ¿Qué cosas haces en tu cuarto?
15. Describe las cosas que hay en las paredes de tu cuarto.
16. ¿Qué tienes sobre tu escritorio?
17. ¿Prefieres estudiar en tu cuarto o en una biblioteca?
18. ¿Cómo prefieres estudiar, sólo o con un grupo de amigos?
19. ¿Qué hay en tu armario?
20. ¿Te gusta la vida en la residencia de estudiantes? ¿Por qué sí o no?

## Temas para conversación

1. La vida en una residencia estudiantil.
2. Cómo (o cómo no) estudiar.
3. Mi cuarto en la universidad (o en casa).

## Imaginar y presentar   *Enact the described situation in Spanish.*

Two friends want to room together at the university, but one wants to stay in the dorms and the other in an apartment. They discuss the advantages and disadvantages of living in the dorms as opposed to an apartment. Two more friends appear and join in on the discussion, trying to convince the first two friends that they should live in an apartment so that all four of them can live together.

to surf the Web **navegar en la red**
to scan **escanear**
to find **buscar**
to save **ahorrar, guardar**
to print **imprimir**
to paste **insertar**
to up-grade **actualizar**
to be on line **estar conectado**
to send **enviar**
to download **descargar**
to forward **reenviar**

computer **la computadora, el ordenador (Spain)**
personal computer **la computadora personal, el ordenador personal (Spain)**
lap top **la computadora portátil, el ordenador portátil (Spain)**
printer; laser, inkjet, color **la impresora; laser, de injección, de color**
printer port **el cable de la impresora, el puerto de la impresora**
screen **la pantalla**
microphone **el micrófono**
speakers **los altavoces**
drive **el conductor**

hard disc **el disco duro**
processor **el procesador**
keyboard **el teclado**
battery **la pila, la batería**
ink cartridge; black, color, toner **el cartucho de tinta; blanco y negro, color, toner**
peripherals **los periféricos**
digital camera **la cámara digital**
operative system **el sistema operativo**
mouse pad **la alfombrilla**
headphones **los auriculares**
scanner **el escaner**
network **la red**
program **el programa**
finder **el buscador**
arrow **la flecha**
help **la ayuda**
graphics **los gráficos**
file **el fichero**
frame **el marco**
tools **las herramientas**
window **la ventana**
spread sheet **la hoja de cálculo**
word processor **el procesador de texto**
back-up **la copia, la réplica**
access control **el control de accesos**

memory **la memoria**
utilities **las utilidades**
accelerator **el acelerador**
digital documents **los documentos digitales**
interactive **interactivo**
remote access **el acceso remoto**
video card **la tarjeta de video**
sound card **la tarjeta de sonido**
cyberspace **el ciberespacio**
the Web **la red internet**
the search **la búsqueda**
World Wide Web **la red mundial internet**
modem **el modem**
search engine **el motor de búsqueda**
gateway **el portal**
Web page **la página web**
hiperlink **el enlace**
server **el servidor**
browser **el buscador**
launcher **el lanzador**
editor of Web page **el editor de página web**
e-mail **el correo electrónico**
password **la palabra clave**
electronic address **la dirección electrónica**
domain **el dominio**

# 3 Las computadoras y el ciberespacio

## Análisis de las fotos

1. ¿Qué tiene sobre las piernas el hombre que está sentado en el banco?
2. ¿Dónde crees que está?
3. ¿Qué crees que está haciendo?
4. ¿Cómo puede hacer funcionar su computadora?
5. ¿Puede conectar con la red internet? ¿Por qué?
6. ¿Dónde crees que está el chico que no está al aire libre?
7. ¿Qué tiene en su mano derecha? ¿Para qué sirve?
8. ¿Dónde tiene su mano izquierda?
9. ¿Qué está mirando?
10. Describe su escritorio.
11. ¿Qué clase de computadora tiene?

## Puntos de partida

12. ¿Qué cosas se pueden hacer con una computadora?
13. ¿Para qué usas tu computadora?
14. ¿Tienes un programa favorito? ¿Por qué te gusta?
15. ¿Qué es la red mundial internet?
16. ¿Cuál es tu dirección electrónica?
17. ¿Qué puedes hacer para encontrar una página web en la red?
18. ¿Qué es lo que más te gusta del internet?
19. ¿Cuál es la diferencia entre un portal y un motor de búsqueda?
20. ¿Qué es un modem?

## Temas para conversación

1. Describe las características de tu computadora.
2. Las mejores páginas web.
3. Imagina el mundo informatizado del futuro.

## Imaginar y presentar    *Enact the described situation in Spanish.*

Two siblings want to get a computer and internet access at home so they can chat via e-mail and surf the Web like many of their friends do. Their parents, who grew up without computers and the Web, think it is expensive and a waste of time. The children try to convince their parents of the value of having access to cyberspace.

to lecture **dar una conferencia**
to teach **enseñar**
to take notes **tomar apuntes**
to take (write) an exam **tomar un examen**
to attend class **asistir a clase**
to study **estudiar**
to listen **escuchar**
to pass **aprobar (ue)**
to fail **suspender**
to ask a question **hacer una pregunta**
to answer a question **responder**
to be absent **faltar**
to write a paper **redactar un trabajo**
to graduate **graduarse**

if not **de lo contrario**
right-handed **que usa la mano derecha**
left-handed **zurdo; que usa la mano izquierda**
with his (her) back to **de espaldas a**
facing **frente a**

education **la enseñanza, la pedagogía**
student, pupil **el, la estudiante; el alumno, la alumna**
professor **el profesor, la profesora**
teacher **el maestro, la maestra**
college, university **la universidad**
high school **el instituto (de segunda enseñanza), el colegio, la escuela secundaria, la escuela superior**
course **la asignatura, el curso**
class **la clase**
major **la especialización**
classroom **la sala de clase, el aula**
explanation **la explicación**
lecture **la conferencia**
lecture hall **la sala de conferencias**
chalkboard **la pizarra**
chalk **la tiza**
bench **el banco**
grade **la nota**

auditorium **el auditorio**
laboratory **el laboratorio**
homework **la tarea, los deberes**
table **la mesa**
writer **el escritor, la escritora**
anatomy **la anatomía**
architecture **la arquitectura**
engineering **la ingeniería**
literature **la literatura**
level **el nivel**
medical school **la facultad de medicina, la carrera de medicina**
language class **la clase de idioma**
graduate school **los estudios de postgrado, los estudios de doctorado**
undergraduate school **los estudios de licenciatura**
slide projector **el proyector de diapositivas**
overhead projector **el proyector de transparencias**
exam **el examen**
quiz **la prueba**

# 4    Las aulas

## Análisis de las fotos

1. ¿Cuál de las fotos representa una clase de la escuela secundaria?
2. ¿Qué hacen la profesora y los estudiantes en el aula de la escuela secundaria?
3. ¿Cuál es el aula con mayor número de estudiantes?
4. ¿Dónde crees que se está impartiendo esa clase?
5. ¿Por qué tiene la profesora en el auditorio un micrófono en la mano?
6. Una de las fotos es de una clase de inglés para extranjeros. ¿Cuál crees que es? ¿Por qué?
7. ¿Cuál crees que es de una clase de medicina? ¿Por qué?
8. ¿En qué clase no se ven las caras de los estudiantes?
9. ¿Cuál de las cuatro clases te interesaría mas? ¿Por qué?
10. ¿Cuáles son las diferencias entre los estudiantes que aparecen en las cuatro fotos?
11. ¿Cuáles son las diferencias entre las aulas que aparecen en las fotos?

## Puntos de partida

12. ¿Cuándo y por cuántos minutos se reúne tu clase de español?
13. Describe las cosas que hay en tu aula.
14. ¿Cuántas asignaturas estás tomando?
15. ¿Qué es lo que más te gusta de ser estudiante?
16. ¿Qué es lo que menos te gusta de la vida estudiantil?
17. ¿Utilizan tus profesores transparencias y proyectores de diapositivas en sus clases?
18. ¿Para qué se usa la pizarra?
19. ¿Cuándo se toman apuntes en clase?
20. ¿Cuáles son algunas de las diferencias entre un instituto de enseñanza secundaria y la universidad?

## Temas para conversación

1. Mis peores y mis mejores experiencias en mis asignaturas.
2. Lo que yo hago para obtener buenas notas.
3. Descripción de mi clase de español.

## Imaginar y presentar    *Enact the described situation in Spanish.*

Two high school students are eager to find out about university studies. They run into two college students they know and ask them about how classes in the university are conducted. The college students answer their questions, giving them advice on what to do and what not to do in order to be successful at the university.

to read **leer**
to write **escribir**
to browse, leaf through **hojear**
to lend **prestar**
to find **encontrar (ue)**
to study **estudiar**
to take notes **tomar apuntes**
to leave, go out **salir**
to research **investigar**
to take a book out of the library
　　**sacar un libro prestado de
　　la biblioteca**

fictional **novelístico**
imaginary **imaginario**
true **verdadero**
noisy **ruidoso**
quiet **silencioso**
long **largo**
short **corto**
lately **últimamente**
briefly **brevemente**
yesterday **ayer**
hardly any **casi nada (de)**

library **la biblioteca**
librarian **el bibliotecario, la
　　bibliotecaria**

book **el libro**
bookshelf, shelf **el estante**
bookshelves, book stacks **la
　　estantería**
card catalog **el fichero**
call number **la signatura**
electronic catalog **el catálogo
　　electrónico**
periodicals **la sección de
　　periódicos y revistas**
reference **la sección de
　　referencia**
reading room **la sala de lectura**
photocopy machine **la fotocopia-
　　dora**
library card **el carné de la
　　biblioteca**
magazine **la revista**
dictionary **el diccionario**
word **la palabra**
definition **la definición**
encyclopedia **la enciclopedia**
information **la información, los
　　informes**
atlas **el atlas** (*pl.* **los atlas**)
reference book **la obra de
　　consulta**

fiction **la novelística, la
　　literatura de ficción***
novel **la novela**
short story **el cuento**
plot **la trama**
development, outcome of a plot **el
　　desarrollo**
poetry **la poesía**
poem **el poema, la poesía**
play **la obra dramática, la obra
　　de teatro, la pieza**
briefcase **la cartera, el
　　portapapeles**
eyeglasses **los anteojos, las gafas**
chair **la silla**
skirt **la falda**
sweater **el suéter**
jeans **los pantalones vaqueros,
　　los bluyines**
hand **la mano**
vest **el chaleco**
purse **el bolso**
hair **el pelo, el cabello**
boy **el chico**
girl **la chica**
room **el cuarto**
majority **la mayoría**

*There is no Spanish term for the English concept of "nonfiction." Ordinarily speakers of Spanish would refer to a specific type
of writing, such as **el ensayo** (essay), **el periodismo** (journalism), and so on.

# 5 La biblioteca

## Análisis de las fotos

1. ¿Qué están haciendo los estudiantes sentados a la mesa?
2. ¿Qué objetos hay encima de la mesa?
3. ¿Qué hay en el fondo detrás de los estudiantes?
4. ¿Qué tienen en la mano las chicas?
5. Describe a las dos estudiantes que están sentadas a la mesa.
6. ¿Qué está haciendo la estudiante que está de pie?
7. ¿Cómo va vestida?
8. ¿Dónde está colocando los libros?
9. ¿Dónde crees que están los estudiantes en las dos fotos? ¿Por qué?

## Puntos de partida

10. ¿Qué es una biblioteca?
11. ¿Cómo puedes encontrar el libro que necesitas en una biblioteca?
12. ¿Dónde estudias mejor: en la biblioteca, en tu cuarto o en otro sitio?
13. ¿Cuáles son algunas de las diferencias entre un libro y una revista?
14. ¿Qué haces si no encuentras el libro que estás buscando?
15. Explica la diferencia entre un diccionario y una enciclopedia.
16. ¿Qué se puede consultar además de libros en una biblioteca?
17. ¿Qué es una obra de consulta? Nombra dos obras de consulta.
18. ¿Cuál es la diferencia entre una novela y una biografía?
19. ¿Qué es un catálogo electrónico?
20. Describe la biblioteca de tu escuela o de tu universidad.

## Temas para conversación

1. Lo que se encuentra en una biblioteca.
2. Un buen libro que he leído últimamente.
3. Ayer fuí a la biblioteca...

## Imaginar y presentar    *Enact the described situation in Spanish.*

Three students go to the library to collect material for a group research project on Latin America. They discuss the material they will need to use for the project, and approach a librarian to ask for suggestions for additional sources. They also ask the librarian how to find the material they need.

to dance **bailar**
to sing **cantar**
to stay out late **trasnochar**
to have fun, enjoy oneself
**divertirse (ie, i)**
to play (*music, a musical
instrument, or a phonograph
record*) **tocar**
to smile **sonreírse (i, i)**
to laugh **reírse (i, i)**
to resemble **parecerse a**
to invite **invitar**
to accept **aceptar**

happy **feliz**
different **distinto**

dance **el baile**
intermission **el descanso**
refreshment **el refresco**

pitcher **la jarra**
glass **el vaso**
tray **la bandeja**
sandwich **el bocadillo** (*Spain*), **el
emparedado, el sandwich**
bracelet, watch strap **la pulsera**
wristwatch **el reloj de pulsera**
musician **el músico, la música**
guitar **la guitarra**
drum **el tambor**
wind instrument **el instrumento
de viento**
trumpet **la trompeta**
trombone **el trombón**
clarinet **el clarinete**
saxophone **el saxofón**
rock music **el rock**
folk music **la música folk**
partner (*at a dance*) **el compañero,
la compañera de baile**

time (*occasion*) **la vez**
time (*duration*) **el tiempo**
time (*rhythm, beat*) **el compás**
wall **la pared**
stereo **el aparato de estéreo**
compact disc **el disco compacto**
band **el conjunto, el grupo
musical**
party **la fiesta**
live music **la música en vivo**
director of public relations **el
director, la directora de
relaciones públicas**
disc jockey **el pinchadiscos**
waiter **el camarero, el mesero, el
mozo**
waitress **la camarera, la mesera,
la moza**
disco **la discoteca, el club, el
disco-club**

# 6    El baile

## Análisis de las fotos

1. ¿Qué tipo de baile están bailando el hombre y la mujer?
2. ¿Dónde pueden estar?
3. ¿Qué hay que hacer para bailar como ellos?
4. ¿Qué tipo de baile están bailando las personas del grupo?
5. ¿Dónde crees que están? ¿Por qué?
6. ¿Cómo van vestidos los chicos?
7. ¿Crees que es difícil bailar como ellos? ¿Por qué?
8. ¿Por qué es evidente que la gente de las fotos se está divirtiendo?
9. ¿En cuál de las fotos crees que la gente baila con música en vivo? ¿Por qué?
10. ¿Qué tipo de baile crees que es más divertido? ¿Por qué?
11. ¿Cuáles son las diferencias entre los estilos de baile de las dos fotos?

## Puntos de partida

12. Cuando vas a una fiesta con un compañero o compañera que no conoces muy bien, ¿de qué puedes hablar?
13. ¿Cuál es la diferencia entre la salsa y el rock?
14. ¿Cuáles son las ventajas de una fiesta con música en vivo? ¿Hay desventajas?
15. Describe los bailes más de moda en este momento.
16. ¿Cuál ha sido la ocasión en que más has trasnochado?
17. ¿Qué instrumento musical es el más típico para la música folk?
18. Explica las características de tu baile favorito.
19. ¿Cuál es la diferencia entre folk y rock duro?
20. Explica la diferencia entre un conjunto y una orquesta.

## Temas para conversación

1. Describe un disco club o discoteca.
2. Describe una fiesta con música y baile en tu escuela o universidad.
3. Lo que pasa cuando trasnocho.

## Imaginar y presentar    *Enact the described situation in Spanish.*

Four friends are discussing a party they attended the night before. Two had a fabulous time, and the others did not enjoy themselves at all. The friends describe and compare their experiences and impressions.

to sit down **sentarse (ie)**
to watch television **ver la televisión**
to read **leer**
to listen to **escuchar**
to chat **conversar**
to relax **relajarse**
to decorate **decorar**
to get together **reunirse, estar juntos**
to be divorced **estar divorciado**

comfortable **cómodo**
at home **en casa**

member of the family **el miembro de la familia**
relative **el, la pariente**
relationship (*family*) **el parentesco**

husband **el esposo, el marido**
wife **la esposa, la mujer**
son **el hijo**
daughter **la hija**
nephew **el sobrino**
niece **la sobrina**
grandfather **el abuelo**
grandmother **la abuela**
grandson **el nieto**
granddaughter **la nieta**
brother **el hermano**
sister **la hermana**
uncle **el tío**
aunt **la tía**
cousin **el primo, la prima**
home **el hogar**
floor **el suelo**
living room **la sala, el salón**
wall **la pared**
family room **el cuarto de estar**

picture, painting **el cuadro**
photograph **la fotografía**
window **la ventana**
furniture **los muebles**
armchair **el sillón**
table **la mesa**
lamp **la lámpara**
sofa, couch **el sofá**
magazine **la revista**
lap **el regazo, la falda**
slipper **la zapatilla**
rug **la alfombra**
chair **la silla**
plant **la planta**
corner table **la mesa rinconera**
coffee table **la mesa de café**
curtains **las cortinas**
birth **el nacimiento**
divorce **el divorcio**

# 7 La familia

## Análisis de la foto

1. ¿Qué miembros de la familia están en casa?
2. ¿En qué parte de la casa crees que están?
3. ¿Qué hora crees que es? ¿Por qué?
4. ¿Quiénes están sentados en el sofá?
5. Describe lo que hacen las chicas.
6. ¿Qué hacen la madre y el niño?
7. ¿Qué hace el padre?
8. ¿Cómo están decoradas las paredes?
9. ¿Cuántas mesas hay? ¿Qué hay encima de ellas?
10. ¿Qué hay en el suelo debajo de la mesa?

## Puntos de partida

11. ¿Cómo es tu familia?
12. ¿Cómo son tus padres?
13. ¿Tienes hermanos y/o hermanas? ¿Cómo son?
14. ¿Cuándo está en casa toda tu familia? ¿Por qué?
15. ¿Tienes abuelos y abuelas? ¿Cómo son?
16. Describe a uno de tus tíos o tías favoritos.
17. Describe las partes de tu casa donde se suele reunir tu familia.
18. ¿Cuál es tu parentesco con la hermana de tu padre? ¿Con la hija de tu abuelo? ¿Con la hija del hermano de tu madre? ¿Con tu tío?
19. Describe a una familia famosa.
20. Explica la diferencia entre una casa y un hogar.

## Temas para conversación

1. Tu hogar y tu familia.
2. La reunión más reciente de tu familia.
3. El acontecimiento familiar que mejor recuerdas.

## Imaginar y presentar    *Enact the described situation in Spanish.*

A pair of identical twins who were separated at birth due to the divorce of their parents meet at summer camp and discover they are related. They discuss their parents and other relatives they have in common, and decide to devise a scheme to get their parents back together.

to make the bed **hacer la cama**
to clean (house) **limpiar (la casa)**
to dust **sacudir el polvo, quitar el polvo**
to sweep **barrer**
to play (*a musical instrument*) **tocar**
to share **compartir**

family room **el cuarto de estar**
home **el hogar**
two-story house **la casa de dos pisos**
floor plan **la planta**
ground floor **la planta baja**
upper floor **la planta alta**
roof **el tejado, la azotea**
cellar, basement **el sótano**
attic **la guardilla**
ceiling **el techo**
stairway **la escalera**
chimney, fireplace **la chimenea**
lightning rod **el pararrayos**

heating system **la calefacción**
garbage can **el cubo para basuras**
curtain, drape **la cortina**
window **la ventana**
doorway **el portal**
wall **la pared**
room **el cuarto**
living room **la sala, el salón**
dining room **el comedor**
bedroom **la alcoba, la recámara** (*Mexico*); **el dormitorio** (*Spain*)
study **el despacho, el estudio**
storeroom, junk room **el trastero**
bathroom **el (cuarto de) baño**
kitchen **la cocina**
corridor **el corredor, el pasillo**
furniture **los muebles**
dining-room table **la mesa de comedor**
buffet, sideboard **el aparador**
picture **el cuadro**

planter **la jardinera**
rug **la alfombra**
lamp **la lámpara**
dresser, chest of drawers **la cómoda**
desk **el escritorio**
bed **la cama**
chair **la silla**
armchair **el sillón**
footstool, hassock **la banqueta**
bookshelves **las estanterías**
computer **la computadora**
washing machine **la lavadora**
garage **el garaje**
floor (*on which one walks*) **el suelo, el piso**
floor (*story*) **el piso**
housework **los quehaceres domésticos**
"dream house" **la casa soñada**
apartment **el apartamento**
real estate agent **el agente inmobiliario**

# 8    El hogar

## Análisis de las fotos

1. ¿Qué cuarto crees que es el que tiene las estanterías con libros?
2. ¿Qué muebles hay en él?
3. ¿Cuáles son las actividades que se pueden hacer en ese cuarto?
4. ¿En qué cuarto está la computadora?
5. ¿Por qué está abierta la ventana de este cuarto?
6. ¿Crees que es el cuarto de un chico o de una chica? ¿Por qué? ¿Qué edad crees que tiene?
7. ¿Además de dormir qué se puede hacer en una alcoba?
8. ¿Qué cuarto es el que tiene las bicicletas?
9. ¿Dónde suele estar el trastero?
10. ¿Además de las bicicletas qué objetos hay en este trastero?
11. ¿Qué otras cosas se pueden encontrar en un trastero que no aparecen en la foto?

## Puntos de partida

12. ¿Qué cuartos comparte toda la familia en un hogar? ¿Qué cuartos no comparte?
13. ¿En qué cuarto de la casa se puede encontrar la lavadora?
14. ¿Dónde suelen estar los cubos para la basura?
15. ¿Cuáles son algunos de los quehaceres domésticos?
16. ¿Prefieres los suelos con alfombras o de madera? ¿Por qué?
17. ¿Cuál es la diferencia entre un apartamento y una casa?
18. ¿Cuál es la diferencia entre un balcón y una ventana?
19. Describe un cuarto de estar típico.
20. ¿Cuántas alcobas necesita una familia de cuatro personas?

## Temas para conversación

1. Mi casa soñada.
2. Los cuartos y los muebles de una casa.
3. Cómo limpiar la casa.

## Imaginar y presentar    *Enact the described situation in Spanish.*

A real estate agent shows a series of houses to a family who is looking for a new home. Each family member has a different opinion about the homes they are shown, based on the floor plan and other features of the house. And with each house, the real estate agent tries to convince them that it is their dream house.

to eat **comer**
to be hungry **tener (ie) hambre**
to cook **cocinar**
to take (*eat, drink*) **tomar**
to serve **servir (i,i)**
to wash dishes **lavar los platos**
to place **colocar**
to open **abrir**
to cover **cubrir**
to pass (*dish, utensil, etc.*) **pasar**
to dry dishes **secar los platos**

hot **caliente**
cold **frío**
still, yet **todavía**

kitchen, cooking **la cocina**
appliance **el electrodoméstico**
stove **la estufa, la cocina de gas, la cocina eléctrica**
burner **el mechero, la hornilla**
back burner **el quemador trasero**
front burner **el quemador delantero**
pot **la olla, la caldera**
(sauce)pan, casserole **la cacerola**
frying pan **la sartén**
pressure cooker **la olla de presión**
oven **el horno**
microwave oven **el horno microonda**

sink **el fregadero**
fan **el ventilador**
refrigerator **la nevera, el refrigerador, el frigorífico**
automatic dishwasher **el lavaplatos automático, el lavavajillas**
garbage disposal **la moledora de basura**
handle **el tirador**
kitchen towel **el paño de cocina**
shelves **las estanterías**
cabinets **los gabinetes**
cupboard, closet **el armario, la alacena**
coffee **el café**
coffee pot **la cafetera**
cup **la taza**
bread basket **la panera**
bread **el pan**
roll **el panecillo**
salad **la ensalada**
salad bowl **la ensaladera**
salt **la sal**
pepper **la pimienta**
vinegar **el vinagre**
oil **el aceite**
bottle **la botella**
soup tureen **la sopera**
ladle **el cucharón**

glass (*container*) **el vaso**
wineglass **la copa**
wine **el vino**
milk **la leche**
cork **el corcho**
plate, dish **el plato**
dinner **la cena**
lunch **la comida, el almuerzo**
napkin **la servilleta**
meal **la comida**
dessert **el postre**
food **el alimento, la comida**
detergent **el detergente**
windowsill **la repisa de la ventana**
flowerpot **la maceta, el florero, el tiesto**
lettuce **la lechuga**
tomato **el tomate**
dressing **el aderezo, la salsa**
restaurant **el restaurante**
waiter **el camarero, el mesero, el mozo**
waitress **la camarera, la mesera, la moza**
cook **el cocinero, la cocinera**
shirt **la camisa**
bow tie **el lazo**
apron **el mandil, el delantal**

# 9  La cocina

## Análisis de las fotos

1. ¿Qué hacen el chico y la chica de la foto?
2. ¿Qué tiene el chico en sus manos?
3. ¿Dónde tiene la chica sus manos?
4. ¿Cuándo se lavan los platos?
5. ¿Hay otra manera de lavar los platos? ¿Cuál es?
6. ¿Qué hay debajo del fregadero? ¿Qué se suele guardar ahí?
7. ¿Qué clase de cocina es la que está en la foto donde aparecen los dos hombres?
8. ¿Cuál de los dos hombres es el cocinero? ¿Cómo lo sabes?
9. ¿Qué hay en la pared detrás del hombre más alto? ¿Para qué sirve?
10. Describe cómo va vestido el hombre más alto.
11. ¿Cómo va vestido el hombre más bajo?
12. ¿Qué objetos aparecen en las estanterías?
13. ¿Qué están haciendo los dos hombres?
14. ¿Cuáles son las diferencias entre las dos cocinas de las fotos?

## Puntos de partida

15. Describe la cocina de tu casa.
16. ¿Qué electrodomésticos se pueden encontrar en una cocina?
17. ¿Qué se puede encontrar en los gabinetes de la cocina?
18. Describe una cena típica en tu familia.
19. ¿Qué cosas se pueden hacer con el microondas?
20. ¿Qué se puede poner en una ensalada?

## Temas para conversación

1. Las ventajas y desventajas de comer en la cocina.
2. Las ventajas y desventajas de comer en un restaurante.
3. Tu restaurante favorito y su tipo de comida.

## Imaginar y presentar    *Enact the described situation in Spanish.*

A homemaker is tired of cooking, and thinks the family should eat dinner at a restaurant. The spouse has had a rough day at work, and wants to relax at home. One of the children is eager to eat out; the other would rather stay at home. The family members engage in a discussion, each presenting reasons why they should go out to eat or eat at home.

to run the water **hacer correr el agua**
to turn on the water faucet **abrir el grifo, abrir la llave**
to turn off the water **cortar el agua**
to take a bath **bañarse, darse un baño**
to take a shower **ducharse, darse una ducha**
to wash (up) **lavarse**
to dry (off) **secarse**
to splash **salpicar**
to brush one's teeth **cepillarse los dientes**
to shave (oneself) **afeitarse, rasurarse**
to fall **caer**
to put, place **poner, colocar**

alone **solo**
how often? **¿con qué (cuánta) frecuencia?**
as well as **tanto...como**
physical **corporal**

bathroom **el (cuarto de) baño**
bathrobe **el albornoz, la bata**
towel **la toalla**
towel rack **el toallero**
sink **el lavabo**
faucet, spigot **el grifo, la llave**
soap **el jabón**
toothbrush **el cepillo de dientes**
toothpaste **la pasta de dientes, la pasta dentífrica**
electric razor **la máquina de afeitar eléctrica**
safety razor **la maquinilla de afeitar**
straight razor, barber's razor **la navaja de afeitar**
shaving cream **la crema de afeitar**
cord **el cordón**
(electrical) plug **el enchufe**
(electrical) outlet **la toma de corriente**
(electrical) shock **la sacudida (eléctrica)**
bottle **la botella**

nail polish **el esmalte para las uñas**
mirror **el espejo**
glass (*container*) **el vaso**
ceiling **el techo**
floor **el suelo, el piso**
toilet **el inodoro**
bidet **el bidé**
bathtub **la bañera, la bañadera**
shower **la ducha**
(shower) curtain **la cortina (de la ducha)**
shelf **el estante**
pajamas **el pijama**
rug **la alfombra**
counter **la repisa**
fan **el ventilador**
toilet paper **el papel higiénico**
dental floss **la seda dental, el hilo dental**
liquid bath soap **el gel de baño**
deodorant **el desodorante**
dental hygiene **la higiene dental**
hair dryer **el secador, la secadora de pelo**

# 10 El baño

## Análisis de las fotos

1. ¿Cuál de las dos fotos es de un cuarto de baño europeo? ¿Cómo lo sabes?
2. ¿Qué es un bidé?
3. ¿La ventana está abierta o cerrada?
4. ¿Para qué sirve el lavabo?
5. ¿Dónde están las toallas?
6. ¿Para qué sirve el espejo?

## Puntos de partida

7. ¿Qué utilizas para secar el cuerpo después de tomar una ducha?
8. ¿Dónde se suelen poner las toallas?
9. ¿Qué usas para tu higiene dental?
10. ¿Qué suele haber sobre el suelo de un cuarto de baño?
11. ¿Para qué sirve el gel de baño?
12. Describe el cuarto de baño de tu casa.
13. ¿Crees que es importante tener un lavabo para cada miembro de la familia? ¿Por qué sí o no?
14. ¿Para qué sirve la cortina de la ducha?
15. ¿Qué cosas se pueden encontrar en los armarios de un cuarto de baño?
16. ¿Cuál es la diferencia entre colonia y desodorante?
17. ¿Qué se necesita para un buen afeitado?
18. ¿Qué prefieres: una ducha o un baño? ¿Por qué?
19. ¿Con cuánta frecuencia te cepillas los dientes?
20. ¿Qué electrodomésticos se pueden encontrar en un cuarto de baño?

## Temas para conversación

1. Describe el cuarto de baño de tus sueños.
2. Lo que es conveniente hacer para mantener una perfecta higiene corporal.
3. Del hombre que se equivocó y puso crema de afeitar en su cepillo de dientes.

## Imaginar y presentar    *Enact the described situation in Spanish.*

Four students who share one bathroom find they are constantly arguing about the use of the bathroom and its cleanliness. They finally decide to organize a schedule for use and maintenance of the bathroom.

to set the table **poner la mesa**
to clear the table **quitar la mesa**
to serve **servir (i, i)**
to pour **verter (ie, i), servir (i, i)**
to toast (to) **brindar (por)**
to place **colocar**
to sit down **sentarse (ie)**
to eat **comer**

formal **de etiqueta**
informal **sin ceremonia**
well-mannered, dutiful, serious-minded **formal**
poorly trained, unreliable **informal**
still, yet **todavía**

etiquette **la etiqueta**
usage **la costumbre**
host, hostess **el anfitrión, la anfitriona**
guest **el convidado, la convidada; el invitado, la invitada**
guest of honor **el convidado, invitado de honor; la convidada, invitado de honor**

tablecloth **el mantel**
napkin **la servilleta**
place setting (*utensils collectively*) **el cubierto**
soup bowl **el plato sopero, el plato hondo**
saucer **el platillo**
dinner plate **el plato llano**
butter dish **la mantequillera**
dinner knife **el cuchillo**
butter knife **el cuchillo de mantequilla**
dinner fork **el tenedor**
salad fork **el tenedor de ensalada**
dessert fork **el tenedor de postre**
teaspoon **la cucharilla**
soup spoon, tablespoon **la cuchara (de sopa)**
pitcher **la jarra**
water **el agua** *f.*
wine **el vino**
handle (*of a basket or pitcher*) **el asa** *f.*
water glass **el vaso**

wineglass **la copa**
saltshaker **el salero**
pepper shaker **el pimentero**
ashtray **el cenicero**
cigarette **el cigarrillo**
(cigarette) lighter **el encendedor, el mechero**
chair **la silla**
flower arrangement, centerpiece **el ramo de flores, el centro de mesa**
head of the table **la cabecera**
center of the table **el centro de la mesa**
food, meal, heavy lunch **la comida**
lunch, luncheon **el almuerzo**
dinner, supper **la cena**
waiter **el camarero, el mesero, el mozo**
waitress **la camarera, la mesera, la moza**
tray **la bandeja**
glassware **la cristalería**
silverware **la cubertería**

# 11 La mesa

## Análisis de la foto

1. ¿Cómo se sabe que la comida ya está servida?
2. ¿Crees que es una cena de etiqueta? ¿Por qué?
3. ¿Qué tipo de cena crees que es?
4. ¿Qué se han servido las personas en los vasos y en las copas?
5. ¿Qué tiene en la mano derecha el hombre que mira a la cámara?
6. ¿Cuál puede ser la razón por la que unas personas tienen platos con comida y otras no?
7. ¿Qué clase de bebida hay en las botellas?
8. ¿Cuántos hombres y cuántas mujeres hay sentados a la mesa? ¿Hay un anfitrión?
9. ¿Qué hay en el centro de la mesa?
10. ¿Dónde están las servilletas?
11. ¿Dónde está el mantel?

## Puntos de partida

12. Si tuvieras que poner una mesa para una cena de etiqueta, ¿qué colocarías en el centro?
13. ¿Dónde colocarías los platos y qué objetos colocarías a ambos lados de cada plato?
14. ¿Qué cristalería usarías y cómo la colocarías?
15. ¿Qué servirías para beber?
16. ¿Qué es necesario tener para hacer un brindis? ¿Cuándo y cómo se brinda?
17. ¿Dónde colocarías a cada uno de los invitados?
18. ¿Cuál es la diferencia entre un plato y un platillo? ¿Entre una cuchara y una cucharilla?
19. ¿Qué pondrías en la mesa si invitaras a cenar al chico o la chica que te gusta?
20. ¿Qué le dirías a un invitado que te dice que no le gustó la comida que le habías servido?

## Temas para conversación

1. La etiqueta para poner la mesa.
2. Mi experiencia como mesero o mesera.
3. Cómo ser un anfitrión perfecto o una anfitriona perfecta. Cómo ser un invitado perfecto o una invitada perfecta.

## Imaginar y presentar    *Enact the described situation in Spanish.*

What could be the occasion for the persons seated together at the table in the photo? Imagine the situation and enact their conversation.

to breathe **respirar**
to bend **doblar**
to join, connect **unir**
to weigh **pesar**
to close **cerrar (ie)**
to pose **posar**
to rob **robar**

healthy **sano**
unhealthy **enfermo**
strong **fuerte**
weak **débil**
tall **alto**
short **bajo**
thin, slender **delgado**
skinny **flaco**
heavy **pesado**
fat **gordo**
young **joven**
old **viejo**
right **derecho**
left **izquierdo**
human **humano**

body **el cuerpo**
man, male **el hombre, el varón**
woman **la mujer**
face **la cara**
head **la cabeza**
forehead, brow **la frente**
skull **el cráneo**
brain **el cerebro**
hair **el pelo, el cabello**
eye **el ojo**

eyelid **el párpado**
eyelash **la pestaña**
eyebrow **la ceja**
ear (*exterior*) **la oreja**
ear (*interior*), hearing **el oído**
nose **la nariz, las narices**
nostril **la nariz**
cheek **la mejilla**
temple **la sien**
jaw **la mandíbula**
mouth **la boca**
lip **el labio**
tongue **la lengua**
tooth **el diente**
wisdom tooth **la muela del juicio**
chin **el mentón, la barba, la
    barbilla**
beard **la barba**
neck **el cuello**
trunk (*of the body*) **el tronco**
shoulder **el hombro**
back **la espalda**
chest **el pecho**
breast **el pecho, el seno**
bosom **el seno**
arm **el brazo**
elbow **el codo**
wrist **la muñeca**
hand **la mano**
palm **la palma**
knuckle **el nudillo**
finger **el dedo**
thumb **el pulgar**

index finger **el dedo índice**
middle finger **el dedo del corazón**
ring finger **el dedo anular**
little finger **el dedo meñique**
ring **el anillo**
fingernail **la uña**
fist **el puño**
waist **la cintura**
hip **la cadera**
buttock **la nalga**
thigh **el muslo**
leg **la pierna**
knee **la rodilla**
calf **la pantorrilla**
ankle **el tobillo**
foot **el pie**
toe **el dedo del pie**
toenail **la uña del dedo del pie**
bone **el hueso**
joint **la coyuntura**
skin **la piel**
blood **la sangre**
artery **la arteria**
vein **la vena**
heart **el corazón**
stomach **el estómago**
lung **el pulmón**
muscle **el músculo**
statue **la estatua**
mime **el mimo**
robber **el ladrón**
police officer **el, la policía**
witness **el testigo**

# 12 El cuerpo humano

## Análisis de las fotos

1. Describe el aspecto físico general de la mujer.
2. ¿Qué partes del cuerpo de la mujer son visibles en la foto y qué partes quedan fuera de la foto?
3. ¿Por qué el hombre ha pintado de blanco todo su cuerpo?
4. ¿Cómo tiene el hombre colocados los brazos?
5. ¿Dónde está el hombre? ¿Por qué esta rodeado de gente que lo mira?

## Puntos de partida

6. ¿Qué une la cabeza con el tronco?
7. Nombra las partes de la cara.
8. ¿Cuál es la diferencia entre los pies y las manos?
9. ¿Qué hay en el cráneo?
10. Si una persona es delgada, ¿en qué partes del cuerpo se nota más?
11. ¿Cómo circula la sangre?
12. ¿Cuántos dedos tenemos?
13. ¿Por qué los dedos de las manos son diferentes de los de los pies?
14. Si llevas anillo, ¿en qué dedo te lo pones? ¿Por qué?
15. ¿Qué partes de la mano y del pie no tienen piel?
16. ¿Cuál es la función de los pulmones?
17. Nombra las partes del cuerpo que están por debajo del muslo.
18. ¿Qué partes del cuerpo pueden doblarse?
19. ¿Cuál es la función del cerebro?
20. ¿Cómo se llama una mano cuando está cerrada?

## Temas para conversación

1. Cómo funciona el cuerpo humano.
2. Cómo mantenerse sano.
3. Tu opinión sobre los concursos de belleza.

## Imaginar y presentar
*Enact the described situation in Spanish.*

A convenience store has been robbed, and there are three eye witnesses. A police officer soon arrives on the scene to investigate the crime and asks for a description of the robbers. Each witness describes the robbers differently, and soon the witnesses begin to discuss the correct description among themselves.

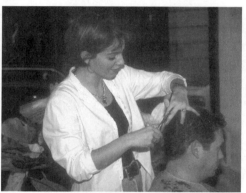

to cut hair **cortar el pelo**
to get a haircut **ir a cortarse el pelo**
to shave (oneself) **afeitarse, rasurarse**
to wash hair **lavar el pelo**
to rinse **enjuagar, aclarar**
to comb (out) **peinar**
to put (on) **poner(se)**
to put up hair **poner los rulos**
to set **marcar**
to dry **secar**
to bleach **blanquear**
to dye **teñir (i, i)**
to tease (hair) **batir**
to manicure **hacer la manicura**

handsome, good-looking **guapo**
blond **rubio**
brunette **moreno, trigueño** (*light brown*)
redhaired **pelirrojo**
bald **calvo**
short **corto**
long **largo**
in front of **ante**
left-handed **zurdo, que usa la mano izquierda**

grooming **el arreglo personal**
barbershop **la peluquería, la barbería**

barber **el peluquero, el barbero**
beauty salon, hairdresser's **el salón de belleza, la peluquería para señoras**
hair stylist, hairdresser **el peluquero, la peluquera**
unisex salon **la peluquería unisexo**
fashionable salon **la peluquería de estilo**
head **la cabeza**
face **la cara**
hair **el pelo, el cabello**
haircut **el corte de pelo**
comb **el peine**
brush **el cepillo**
scissors **las tijeras**
curly hair **el pelo rizado**
wavy hair **el pelo ondulado**
straight hair **el pelo liso**
permanent wave **el ondulado permanente**
braid **la trenza**
wig **la peluca**
robe, work coat **la bata**
hair style, hairdo **el (estilo de) peinado, la tocadura**
hair spray **la laca**
shampoo **el champú**
soap **el jabón**
dryer **el secador, la secadora de pelo**

roller, curler **el rulo**
hairpin **la horquilla de moño**
bobby pin **la horquilla**
manicure, manicurist **la manicura**
fingernail **la uña**
nail file **la lima (de uñas)**
nail polish **el esmalte para las uñas**
nail-polish remover **el quitaesmalte**
perfume **el perfume**
mascara **el rimel**
eye shadow **la sombra (de ojos)**
lotion **la loción**
bottle, container **la botella, el envase**
mirror **el espejo**
shave **el afeitado**
(safety) razor **la maquinilla de afeitar**
electric razor **la máquina de afeitar eléctrica**
chin **el mentón, la barba, la barbilla**
beard **la barba**
moustache **el bigote**
sideburns **las patillas**
eyelash **la pestaña**
eyebrow **la ceja**
eyelid **el párpado**
blond hair **el pelo rubio**
brown hair **el pelo castaño**
dark hair **el pelo negro**
red hair **el pelo rojo**

# 13 El arreglo personal

## Análisis de las fotos

1. ¿Cuál de las tres fotos es de una barbería? ¿Cómo lo sabes?
2. ¿Por qué no hay mujeres en la barbería?
3. ¿Qué servicio pueden obtener los clientes que van a una barbería?
4. ¿Qué hay en las paredes de una barbería y para qué sirven?
5. ¿Qué hace la chica que está arreglando el pelo de la señora?
6. ¿Por qué tiene que secar el pelo?
7. ¿Qué hace la señora? ¿Por qué?
8. ¿En qué tipo de peluquería están la señora y las dos peluqueras?
9. ¿Qué hace la peluquera que tiene el pelo corto?
10. ¿Qué es una peluquería unisexo?
11. ¿Por qué crees que el chico prefiere ir a una peluquería unisexo en vez de a una barbería?

## Puntos de partida

12. Describe el interior de una barbería.
13. Describe el interior de una peluquería unisexo.
14. ¿En qué se diferencia una barbería de una peluquería de estilo?
15. ¿Qué es una manicura? Describe a la persona y el servicio.
16. ¿Qué puede hacer una persona que quiere cambiar el color de su pelo?
17. ¿Qué es el champú?
18. Describe la diferencia entre bigote, barba y patillas.
19. ¿Con cuánta frecuencia vas a la peluquería? ¿Por qué?
20. ¿En qué parte de la cara se pone la sombra de los ojos? ¿y el rimel?

## Temas para conversación

1. El estilo de peinado o corte de pelo que te resulta más atractivo.
2. Las ventajas y desventajas de cortarse, teñirse o arreglarse el pelo en un salón en vez de en casa.
3. El arreglo personal.

## Imaginar y presentar    *Enact the described situation in Spanish.*

 A person wanting a new look goes to a beauty salon. He or she discusses possible options with the stylist, and they come up with a plan for the transformation.

to play (*a sport*) **jugar (ue) (a), practicar**
to win **ganar**
to lose **perder (ie)**
to throw **tirar, echar, lanzar**
to hit (*a ball*) **dar a**
to serve (*a ball*) **sacar, servir (i, i)**
to score a point **ganar un punto**
to run **correr**
to jog **trotar, hacer footing**

today **hoy**

sport **el deporte**
sports fan **el, la deportista**
sportsmanship **el juego limpio**
athlete **el, la atleta**
amateur **el aficionado, la aficionada**
professional **el, la profesional**
spectator **el espectador, la espectadora**
game (*in general*) **el juego**
game (*specific match or contest*) **el partido**
meet **el concurso**

player **el jugador, la jugadora**
team **el equipo**
referee, umpire **el árbitro, la árbitra**
point **el punto, el tanto**
tie, draw **el empate**
stadium **el estadio**
court **la cancha**
field **el campo**
line **la línea**
ball **la pelota**
singles **el partido de individuales**
doubles **el partido de dobles**
tennis **el tenis**
racket **la raqueta**
net **la red**
soccer **el fútbol**
goal post **el poste (de la meta)**
goal line **la raya (de la meta)**
goal **la meta, el gol**
goalkeeper **el portero, el guardameta**
basketball **el baloncesto, el basquetbol**

track and field **las carreras y los saltos**
track (*on which one runs*) **la pista**
race **la carrera**
tape **la cinta**
football **el fútbol norteamericano**
baseball **el béisbol**
boxing **el boxeo**
heavyweight **el peso pesado, los pesos pesados**
golf **el golf**
golf club **el palo de golf**
badminton, shuttlecock **el volante**
volleyball **el volibol**
swimming **la natación**
horseback riding **la equitación**
wrestling **la lucha**
fencing **la esgrima**
skating **el patinaje**
skiing **el esquí**
hockey **el hockey**
lacrosse **lacrosse**
champion **el campeón, la campeona**

# 14 Los deportes

## Análisis de las fotos

1. ¿Cuáles son los cuatro deportes que se ven en las fotos?
2. ¿Cuáles de ellos se juegan con pelota y en qué consisten?
3. ¿El partido de tenis que aparece en la foto es de individuales o de dobles? ¿Cómo lo sabes?
4. ¿Por qué los hombres que juegan al fútbol llevan camisetas de distintos diseños o colores?
5. La carrera: ¿Quién va a ganarla?
6. ¿Qué está intentando hacer el chico que tiene la pelota en la cancha de baloncesto?

## Puntos de partida

7. ¿Qué es un atleta?
8. ¿En qué consiste el juego del baloncesto?
9. ¿Para qué deporte se necesita un animal?
10. ¿Cuántos jugadores hay en un equipo de béisbol?
11. ¿Qué deportes se juegan en una cancha y cuáles se juegan en un campo?
12. Explica lo que es un estadio.
13. ¿Qué se necesita para jugar al tenis?
14. ¿Qué se necesita para practicar footing?
15. ¿En qué consiste el fútbol?
16. Explica lo que es un empate.
17. ¿Qué deporte practicas? ¿Por qué?
18. ¿Qué deporte te gusta ver en la televisión? ¿Por qué?
19. ¿Por qué se puede o no se puede jugar al golf hoy?
20. Explica el significado de: "No importa si se gana o se pierde, sino cómo se ha jugado."

## Temas para conversación

1. Los deportes de invierno.
2. Los deportes en mi escuela o en mi universidad.
3. Cómo jugar a _____.

## Imaginar y presentar   *Enact the described situation in Spanish.*

Four Olympic athletes who each practice different sports sit down to eat together in a cafeteria at the Olympic Village. Each talks about their sport and explains why they like (or don't like) it.

to have (go on) a picnic **pasar un día en el campo** (*o de campo*)
to make a sandwich **preparar un emparedado**
to cut, slice **cortar**
to pack, prepare **empaquetar, preparar**
to forget **olvidar(se)**
to find **encontrar (ue)**
to look for **buscar**
to park **aparcar(se), estacionar(se)**
to kneel **arrodillarse**
to discard, throw away **tirar, descartar, botar**
to tell, narrate **contar (ue)**
to uncork **destapar**

sunny **soleado**
shady **sombrío, a la sombra**
never; ever **jamás**
. . . style **al estilo...**
pleasant **agradable**
unpleasant **desagradable**
hot **caliente**

cold **frío**

picnic **el día de campo, el día campestre, la jira campestre**
tree **el árbol**
grass **la hierba**
blanket **la manta, la frazada**
automobile, car **el coche** (*Spain, Mexico*), **el carro** (*Spanish America*), **el automóvil** (*general*)
food **la comida**
loaf of bread **el pan**
piece (slice) of bread **la rebanada**
sausage **la salchicha**
cheese **el queso**
sandwich **el bocadillo** (*Spain*), **el emparedado, el sandwich**
beverage **la bebida**
wine **el vino**
soft drink **la gaseosa, el refresco**
coffee **el café**
knife **el cuchillo**
picnic basket **la canasta**

bottle **la botella**
cork **el corcho**
corkscrew **el sacacorchos**
thermos jug **el termo**
paper cup **el vaso de papel**
paper plate **el plato de papel**
ant **la hormiga**
bee **la abeja**
fly **la mosca**
mosquito **el mosquito**
boy **el muchacho**
girl **la muchacha**
young person **el, la joven**
loaf of bread **la barra de pan**
cap **la gorra**
picnic table **la mesa para merendar, la mesa de campo**
cooler **la nevera portátil**
picnic **la merienda**
grass **la hierba, el pasto**
blanket **la manta**
striped shirt **la camisa de rayas**
sun **el sol**
shade **la sombra**

# 15 El día en el campo

## Análisis de la foto

1. ¿Dónde está la familia? ¿Qué hacen los miembros de la familia?
2. ¿Qué hay sobre la mesa en el primer plano?
3. ¿Qué está haciendo el señor de la camisa de rayas?
4. ¿Quiénes llevan gorras y por qué?
5. ¿Qué están bebiendo?
6. ¿Cómo van vestidos?
7. ¿Dónde están sentados?
8. ¿Qué época del año crees que es?
9. ¿Qué más cosas crees que hay encima de la mesa?
10. ¿De qué pueden estar hablando mientras comen?
11. ¿Te gustaría pasar un día en el campo en un lugar como el de la foto? ¿Por qué sí o no?

## Puntos de partida

12. ¿Es agradable un día en el campo? ¿Por qué?
13. ¿Qué cosas se pueden hacer en un día de campo?
14. ¿Prefieres un lugar a la sombra o al sol para tomar la merienda? ¿Por qué?
15. ¿Qué tipo de comida es la más adecuada para llevar al campo?
16. ¿Qué se puede hacer para mantener las bebidas frías?
17. ¿Y qué se puede hacer para mantener el café caliente?
18. ¿Cuál es la ventaja de usar platos y vasos de papel?
19. Si en el campo no disponemos de una mesa para comer, ¿qué podemos hacer?
20. ¿Qué cosas consideras necesarias empaquetar para un día de campo?

## Temas para conversación

1. Lo que me gusta y lo que no me gusta de un día de campo.
2. El mejor lugar cerca de donde resido para pasar un día de campo.
3. Un día en el campo que jamás olvidaré.

## Imaginar y presentar    *Enact the described situation in Spanish.*

An extended family makes plans for a fantastic family picnic. The day of the outing comes at last, and they arrive in high spirits at the picnic site. As they begin to set the food out on the picnic table, something happens.

to swim **nadar**
to sunbathe **tomar el sol**
to get a suntan **broncearse, tostarse al sol**
to float **flotar**
to surf **hacer "surfing"**
to windsurf **hacer "windsurf"**
to scubadive **bucear**
to water ski **esquiar en el agua**
to play (*a sport*) **jugar (ue) (a)**
to dig **cavar**
to warn **advertir (ie, i)**
to tell, relate, count **contar (ue)**
to avoid **evitar**
to drown **ahogar(se)**
to be barefoot **estar descalzo**
to be lying down **estar tumbado, acostado**
to be seated **estar sentado**
to stand, put up with **resistir**
to get sunburned **quemarse al sol**

calm **tranquilo**
rough **agitado**
suntanned **bronceado, tostado**
sunburned **quemado**
sometimes **a veces**
alone **solo**

easy **fácil**
hard **difícil**

beach **la playa**
sand **la arena**
sea, ocean **el mar, el océano**
land **la tierra**
lighthouse **el faro**
wave **la ola**
waves, ground swell, surf **la marejada, el romper de las olas**
lifeguard **el vigilante**
water sport **el deporte acuático**
surfboard **el patín acuático**
sailboard **la tabla a vela, la tabla de surf**
surfing **el patinaje sobre las olas, el surfing**
water ski, water skiing **el esquí acuático**
ship **el barco**
raft, float **el colchón neumático**
sailboat **el velero**
bathing suit **el traje de baño, el bañador**
(beach) mat **la estera**

shell **la concha**
ball **la pelota**
head **la cabeza**
hat **el sombrero**
cap **la gorra**
bonnet **el gorro**
shovel **la pala**
transistor radio **el transistor**
thermos jug **el termo**
totebag **la bolsa**
sunglasses **las gafas de sol**
scarf **el pañuelo**
cup **la taza**
binoculars **los prismáticos**
beach umbrella **la sombrilla de playa**
salt water **el agua salada**
fresh water **el agua dulce**
sunburn **la quemazón**
suntan lotion **la loción bronceadora, la crema para el sol**
beach pail **el cubo de playa**
suntan lotion **la crema bronceadora, la crema de protección solar**
volleyball **el volibol**

# 16 En la playa

## Análisis de la foto

1. ¿Dónde está el grupo de personas que aparece en la foto?
2. ¿Qué están haciendo?
3. ¿Cuál puede ser la razón de que una de ellas lleve la camiseta puesta y las demás no?
4. ¿Qué tiene en los ojos la segunda mujer de la derecha? ¿Para qué sirve?
5. ¿Sobre qué se apoya la mujer que está tumbada?
6. ¿Por qué están descalzos?
7. ¿Qué objetos hay a la espalda de la mujer que está tumbada? ¿Para qué sirven?
8. ¿De qué hablan las mujeres?
9. ¿Qué hay en el suelo al lado del hombre que está sentado?
10. ¿Cómo pueden resistir estar sentados al sol?

## Puntos de partida

11. Cuando vas a la playa, ¿te quemas o te bronceas?
12. ¿Cuáles son los peligros de estar mucho tiempo al sol?
13. ¿Qué se puede hacer para evitar las quemazones?
14. ¿Se flota mejor en agua salada o en agua dulce? ¿Cuál prefieres?
15. ¿Qué es un bikini?
16. ¿Por qué a veces no se puede nadar bien en el mar?
17. ¿Qué cosas se pueden ver desde una playa?
18. ¿Qué deportes se pueden practicar en una playa?
19. ¿Por qué no se puede jugar al baloncesto en la playa?
20. ¿Es fácil para tí ir a la playa? ¿Por qué sí o no?

## Temas para conversación

1. La playa (no) es para mí.
2. Lo que se puede hacer en una playa.
3. Los deportes acuáticos.

## Imaginar y presentar  *Enact the described situation in Spanish.*

Four friends have just spent their spring break at a beach resort. As they travel back home (or to campus), they discuss their experiences on the beach.

to cast a (fishing) line **lanzar el sedal**
to hunt (*game*) **cazar**
to aim (*a gun*) **apuntar**
to shoot (*a gun*) **disparar**
to kill **matar**
to cook **cocinar**
to climb **escalar**
to paddle, row **remar**
to sing **cantar**
to fish, to catch (*a fish*) **pescar**
to camp, to go camping **acampar**
to indicate **indicar**
to put **poner**
to live **vivir**
to bike **montar en bicicleta**
to go hiking **hacer una marcha**
to set up, install **instalar**
to hate **detestar**
to enjoy **disfrutar**
to delight **encantarle a uno**

useful **útil**
inside **dentro (de)**
around **alrededor (de)**

outdoor life **la vida al aire libre**

campsite **el lugar elegido para acampar**
camp **el campamento**
fisherman **el pescador, la pescadora**
hunter **el cazador, la cazadora**
hunting **la caza**
camping trip **la acampada**
hiker **el, la caminante**
canoeist **el canoero, la canoera**
fishing rod **la caña de pescar**
fishing line **el sedal**
reel **el carretel**
fly **la mosca**
fish **el pez** (*en el agua*), **el pescado** (*fuera del agua*)
trout **la trucha**
shotgun **la escopeta**
game bag **el morral**
deer **el ciervo**
tent **la tienda de campaña**
skillet **la sartén**
hike **la caminata, la marcha**
knapsack **la mochila**
mountain **la montaña**
top **la cima**
fire **el fuego**

campfire (bonfire) **la hoguera**
sleeping bag **la bolsa para dormir, el saco de dormir**
canoe paddle **el remo de canoa**
stream **el arroyo**
bow (*of a boat*) **la proa**
stern (*of a boat*) **la popa**
hat **el sombrero**
weather **el tiempo**
season **la estación** (*del año*)
winter **el invierno**
summer **el verano**
spring **la primavera**
fall **el otoño**
bridge **el puente**
bicycle **la bicicleta**
hiking shoes **las botas de montaña**
pad **la colchoneta**
young person **el, la joven**
shorts **los pantalones cortos**
footwear **el calzado**
delight **el encanto**
nature **la naturaleza**
camper **el, la campista**

# 17   La vida al aire libre

## Análisis de las fotos

1. ¿Qué tienen en las manos los dos chicos que están en el puente?
2. ¿Por qué están encima del puente?
3. ¿Quién más hay encima del puente?
4. ¿De qué pueden estar hablando los chicos?
5. ¿Qué necesitan para pescar algún pez?
6. ¿Qué llevan los cuatro jóvenes de la foto en sus espaldas?
7. ¿Dónde crees que van?
8. ¿Por qué llevan pantalones cortos?
9. ¿Qué tipo de calzado llevan? ¿Por qué?
10. En la foto de la tienda de campaña ¿qué está haciendo la campista?
11. ¿Dónde crees que está instalada la tienda de campaña?
12. ¿Qué puede haber dentro de la tienda?
13. Describe las cosas que hay en la foto además de la tienda y la campista.

## Puntos de partida

14. ¿Qué cosas se necesitan para ir a pescar?
15. ¿Qué opinas de la caza, un deporte en el que se matan animales?
16. ¿Qué cosas necesitas para una acampada en la montaña?
17. ¿Qué se puede encontrar dentro de un campamento?
18. ¿Cuál es la mejor estación del año para acampar? ¿Por qué?
19. ¿Te gusta ir a remar? ¿Por qué?
20. Discute los aspectos positivos y los negativos de la vida al aire libre.

## Temas para conversación

1. El lugar para organizar una acampada en verano.
2. Mis días en un campamento.
3. Mi actividad al aire libre favorita.

## Imaginar y presentar   *Enact the described situation in Spanish.*

Two friends who are planning a camping trip try to talk a third friend into joining them. However, this person is convinced that he or she hates camping. The campers tell their friend about the delights of camping, while the third person presents his or her point of view.

to display **exhibir**
to consist of **consistir en**
to have in common **tener (ie) en común**
to have (*bear, wear*) **llevar**
to dress up **vestirse (i, i) de etiqueta**
to go shopping **ir de compras**
to be in fashion **estar de moda**
to try on **probarse(ue)**

for sale **en venta**
on sale (*reduced price*) **en liquidación**
single-breasted **sin cruzar**
double-breasted **cruzado**

price tag **la etiqueta** *(de precio)*
clothing (*in general*), apparel **la ropa, la vestimenta**
article of clothing **la prenda**
display window **el escaparate**
decoration **la decoración**
measurement **la medida**
cut **el corte**
length **el largo**

width **el ancho**
size **la talla el número**
suit **el traje**
pants, trousers **los pantalones**
blue jeans **los pantalones vaqueros, los bluyines**
vest **el chaleco**
tie **la corbata**
bow tie **la corbata de lazo**
shirt **la camisa**
clothes store **la tienda de modas, la tienda de ropa**
sport shirt **la camisa sport**
long sleeves **las mangas largas**
short sleeves **las mangas cortas**
cuff (*of sleeve*) **el puño**
pocket **el bolsillo**
hip pocket **el bolsillo trasero**
side pocket **el bolsillo del costado**
handkerchief **el pañuelo**
underwear **la ropa interior**
shorts (*undergarment*) **los calzoncillos**
undershirt **la camiseta**
shoe **el zapato**
socks **los calcetines**

pair **el par**
belt **el cinturón**
suspenders **los tirantes (de pantalón)**
pullover (sweater) **el suéter**
shoelace **el cordón de zapato**
jacket **la chaqueta**
collar **el cuello**
button **el botón**
leather **el cuero, la piel**
mannequin **el maniquí**
blouse **la blusa**
skirt **la falda**
hose, stocking **las medias**
panties **las bragas**
bra **el sujetador**
miniskirt **la minifalda**
polo shirt **la camisa polo**
fashion **la moda**
fashion show **el desfile de modas**
designer **el diseñador, la diseñadora**
young people **la gente joven**
adults **los mayores**
opinion **la opinión**

# 18 La tienda de modas

## Análisis de las fotos

1. ¿Dónde están las personas que aparecen en la foto?
2. ¿Crees que están trabajando o comprando? ¿Por qué?
3. ¿Por qué en las tiendas de modas suele trabajar gente joven?
4. ¿Te gustaría trabajar en una tienda de modas? ¿Por qué?
5. ¿Qué prendas aparecen en la foto detrás de los jóvenes?
6. ¿Crees que están en la sección de chicos o chicas? ¿Por qué?
7. ¿Para quiénes está pensada esta tienda: niños, jóvenes, mayores? ¿Por qué?
8. Describe las prendas en el escaparate.
9. En tu opinión, ¿por qué usan maniquíes sin cabeza?
10. ¿Para qué estación del año crees que son estas prendas? ¿Por qué?
11. ¿Es una tienda para hombres o para mujeres? ¿Por qué?

## Puntos de partida

12. ¿Cuál es la diferencia entre una chaqueta y un chaleco?
13. ¿Qué es la talla?
14. ¿De qué se compone un traje?
15. ¿Cuál es tu diseñador favorito? ¿Por qué?
16. Discute las ventajas y desventajas de comprar ropa en unos grandes almacenes.
17. Discute las ventajas y desventajas de comprar ropa en una tienda de modas.
18. ¿Qué ropa usarías para ir a una entrevista de trabajo?
19. ¿Cómo te gusta vestir a diario?
20. ¿Te gusta ir de compras de ropa? ¿Por qué sí o no?

## Temas para conversación

1. ¿Hace la ropa a la persona?
2. La tienda de modas de tu preferencia.
3. La diferencia entre cómo se visten los estudiantes y cómo se visten los profesores.

## Imaginar y presentar     *Enact the described situation in Spanish.*

Three friends who are going off to college in the fall decide they need a new wardrobe. They go shopping together and discuss what's in style with the college crowd and what isn't. They also talk about what they should buy and what they should avoid.

to shop, go shopping **ir de compras**
to spend **gastar**
to pay cash **pagar al contado**
to charge **cargar en la cuenta corriente, cargar en la tarjeta de crédito**
to wait on (*a customer*) **atender (ie)**
to ring up a sale (*on the cash register*) **registrar una venta**
to hold (*grasp, extend*) **extender (ie)**
to try on **probarse (ue)**
to fit one well **quedarle bien**
to match **hacer juego**
to be right **tener (ie) razón**
to look for **buscar**
to open **abrir**

expensive **caro**
inexpensive **barato**
for sale **en venta**
only **únicamente**
up, on oneself **encima**
wash-and-wear **de lava y pon**

department store **los grandes almacenes**
counter **el mostrador**

cash register **la caja registradora**
salesman **el vendedor, el dependiente**
saleswoman **la vendedora, la dependiente**
customer **el, la cliente**
shopper **el comprador, la compradora**
charge account **la cuenta corriente**
price **el precio**
profit **la ganancia**
department **el departamento**
sale (*bargain*) **la liquidación, la promoción, la ganga, las rebajas**
sale (*transaction*) **la venta**
size **la talla**
clothing **la ropa**
article of clothing or personal adornment **la prenda**
credit card **la tarjeta de crédito**
mirror **el espejo**
drawer **el cajón, la gaveta**
scarf **la bufanda**
jewelry **las joyas**
necklace **el collar**

earring **el pendiente** (*hanging*), **el arete** (*with ear post*)
bracelet **la pulsera**
brooch **el broche**
flower **la flor**
purse **el bolso**
pantyhose **las panty medias**
hat **el sombrero**
glove **el guante**
sweater **el suéter**
skirt **la falda**
blouse **la blusa**
fur coat **el abrigo de piel**
aisle **el pasillo**
discount **el descuento**
floor **la planta, el departamento**
cosmetics **los cosméticos**
perfume **el perfume**
lipstick **el pintalabios**
nail polish **el esmalte para las uñas**
mascara **el rimel**
appliances **los electrodomésticos**
washing machine **la lavadora**
microwave **el microondas**
dishwasher **el lavavajillas**
refrigerator **el refrigerador**
vacuum cleaner **la aspiradora**

# 19  Los grandes almacenes

## Análisis de las fotos

1. ¿En qué departamento de los grandes almacenes trabaja la mujer que está sentada?
2. ¿Qué está haciendo?
3. ¿Qué productos se pueden encontrar en este departamento?
4. Cuando vas a un gran almacén, ¿sueles pararte en el departamento de cosméticos? ¿Por qué sí o no?
5. ¿Por qué en este departamento siempre trabajan mujeres?
6. ¿En qué departamento se encuentra el hombre de las gafas?
7. ¿Qué está mirando?
8. ¿Crees que va a comprar algo? ¿Por qué sí o no?
9. ¿Qué cosas se venden en este departamento?
10. ¿Qué sería lo más caro y qué lo más barato?
11. Si el hombre decide comprar algo, ¿qué cosas se puede llevar en su coche a casa y qué cosas no?

## Puntos de partida

12. ¿Qué es mejor: pagar con dinero o con tarjeta de crédito? ¿Por qué?
13. ¿Cuál sería la tarjeta de crédito más ventajosa para usar en unos grandes almacenes? ¿Por qué?
14. ¿Qué son las rebajas?
15. ¿Qué son unos grandes almacenes?
16. En tu opinión, ¿cuáles son los departamentos más importantes en los grandes almacenes?
17. ¿Cuáles son las ventajas de comprar en unos grandes almacenes?
18. ¿Cuáles son las desventajas de comprar en unos grandes almacenes?
19. ¿Te gustaría trabajar en unos grandes almacenes? ¿Por qué?
20. ¿Te gusta probarte ropa en los grandes almacenes? ¿Por qué?

## Temas para conversación

1. Cómo ahorrar dinero con las compras.
2. La última vez que fuiste de compras.
3. Cómo yo gastaría $1.000 en unos grandes almacenes.

## Imaginar y presentar    *Enact the described situation in Spanish.*

A department store manager has noticed a drop in profits, so he decides to consult those who work most closely with the customer: his salespeople. He holds a brain-storming session with his most respected salespersons, and they offer a variety of suggestions for boosting sales, ranging from customer relations to display, pricing, and selection of products.

to go grocery shopping **ir a comprar comestibles**

to add (up) the bill **sumar la cuenta**

to pay cash **pagar en efectivo**

to pay by check **pagar con cheque**

to charge **cargar en la cuenta corriente, cargar en la cuenta de crédito**

to wait in line **hacer cola**

to weigh **pesar**

to peel **pelar**

to slice **cortar en rebanadas (tajadas, rodajas)**

to contain **contener (ie)**

to drop **dejar caer**

to have just (done something) **acabar de**

to spoil **estropearse**

expensive **caro**

inexpensive **barato**

supermarket **el supermercado**

shopper **el comprador, la compradora**

clerk **el empleado, la empleada**

cashier, checker **el cajero, la cajera**

cash register **la caja registradora**

price **el precio**

purchase **la compra**

counter **el mostrador**

groceries **los comestibles**

can **la lata**

canned goods **los productos enlatados**

bag, sack **la bolsa**

package **el paquete**

shopping cart **el carrito**

scale **la balanza**

kilo **el kilo** (*2.2 libras*)

pound **la libra** (*.45 de kilo*)

gallon **el galón** (*3.78 litros*)

liter **el litro** (*1.06 cuartos*)

quart **el cuarto** (*.95 de litro*)

milk **la leche**

cheese **el queso**

fish **el pescado**

meat **la carne**

beef **la carne de res**

veal **la ternera**

lamb **el cordero**

chop **la chuleta**

chicken **el pollo**

egg **el huevo**

fruit **la fruta**

apple **la manzana**

banana **el plátano** (*Spain*), **la banana**

peach **el melocotón**

pear **la pera**

tomato **el tomate**

orange **la naranja**

grapefruit **la toronja**

vegetable **la legumbre, la verdura**

carrot **la zanahoria**

celery **el apio**

lettuce **la lechuga**

cabbage **la col**

pork **la carne de cerdo**

ham **el jamón**

head (*of lettuce or cabbage*) **el repollo**

cauliflower **la coliflor**

spinach **la espinaca, las espinacas**

leaf **la hoja**

peas **los guisantes** (*Spain*), **las arvejas, las chícharos (Mexico, Central America)**

potato **la patata** (*Spain*), **la papa** (*Spanish America*)

rice **el arroz**

flour **la harina**

sale **la oferta, la rebaja**

dairy products **los productos lácteos**

beans **los frijoles, las judías**

lentils **las lentejas**

# 20 El supermercado

## Análisis de las fotos

1. ¿Qué sección del supermercado aparece en la foto?
2. ¿Qué productos se pueden encontrar en ella?
3. ¿Por qué estos productos necesitan refrigeración?
4. ¿Qué es una oferta?
5. Según la foto ¿qué está en oferta?
6. ¿En qué sección del supermercado se puede encontrar esta oferta?

## Puntos de partida

7. ¿Sueles aprovechar las ofertas cuando vas al supermercado? ¿Por qué?
8. ¿Quién compra los comestibles en tu familia (o en tu casa)? ¿Por qué?
9. ¿Cuáles son las compras más caras y cuáles las más baratas en un supermercado?
10. ¿Qué productos comestibles necesitas para pasar una semana?
11. ¿Qué productos necesitas para hacer una ensalada?
12. Haz una lista de los productos que podrías comprar con $30.
13. ¿Qué productos suelen estar en oferta y cuáles raramente lo están?
14. Describe tus frutas favoritas.
15. ¿Cuáles son algunas de las cosas que pueden comprarse en lata?
16. ¿Cuántas libras son cinco kilos?
17. Enumera algunas de las legumbres que puedes encontrar en un supermercado.
18. ¿En qué se diferencia la carne de pollo de la de cerdo?
19. ¿Cuándo, dónde y por qué se hace cola en un supermercado?
20. Explica lo que es ser vegetariano.

## Temas para conversación

1. El trabajo en un supermercado.
2. Lo que te gusta y lo que no te gusta de hacer compras en un supermercado.
3. Las distintas secciones de un supermercado y su contenido.

## Imaginar y presentar    *Enact the described situation in Spanish.*

Three new apartment mates do their first weekly shopping trip to the supermarket together. Their idea had been to eat their dinners together, but since they didn't take the time to plan meals ahead of time, they discuss possible menus as they roam the aisles. Soon it becomes apparent that their eating habits and concepts of nutrition are quite different.

to fill (make up, prepare) a prescription **despachar (preparar) una receta**
to renew the prescription **renovar (ue) la receta**
to prescribe **recetar**
to wait on (*a customer*) **atender (ie)**
to display **exhibir**
to take turns **turnarse**
to take (*medicine*) **tomar**
to smoke **fumar**
to chew **mascar**
to give (*information*) **proporcionar**

instead of **en vez de**
dangerous **peligroso**

drugstore **la farmacia** (*Spain*), **la droguería** (*Spanish America*), **la botica**
drugstore open all night **la farmacia de guardia**
druggist, pharmacist **el farmacéutico, la farmacéutica**
license (*to practice*) **la licencia**
prescription **la receta**

drug **la droga**
medicine **la medicina**
dose, dosage **la dosis**
content(s) **el contenido**
doctor, physician **el médico, la médica**
bottle **la botella**
jar **el frasco**
box **la caja**
pill **la pastilla, la píldora**
aspirin **la aspirina**
cosmetics **los cosméticos, los productos de belleza**
bar of soap **la pastilla de jabón**
pain killer **el calmante**
tube of toothpaste **el tubo de pasta dentífrica**
stick of chewing gum **la barrita de chicle** (*o* **de goma de mascar**)
pack (package) **el paquete, la cajetilla**
carton (of cigarettes) **el cartón (de cigarrillos)**
cigarette **el cigarrillo, el pitillo** (*Spain, colloquial*)
cigar **el cigarro, el puro**
beauty products **las productos de belleza**

perfume **el perfume**
cologne **la colonia**
bath powder **los polvos de baño**
nail polish **el esmalte para las uñas**
shampoo **el champú**
sunglasses **las gafas de sol**
shelf **el estante**
label **la etiqueta**
soda fountain **la fuente de sodas**
magazine **la revista**
greeting card **la tarjeta de felicitación**
wall (*interior*) **la pared**
counter **el mostrador**
medicine chest **el botiquín**
first aid kit **el botiquín de primeros auxilios**
bandage **la tirita**
hydrogen peroxide **el agua oxigenada**
gauze **la gasa**
cotton **el algodón**
home delivery **el servicio a domicilio**
rubbing alcohol **el alcohol**
disinfectant ointment **la pomada desinfectante**

# 21 La farmacia

## Análisis de las fotos

1. En la foto donde hay personas, ¿cómo se sabe que están en el interior de una farmacia?
2. ¿Qué está comprando el hombre?
3. ¿Qué está haciendo la farmacéutica?
4. ¿Qué hay en las paredes de la farmacia?
5. ¿Qué se puede comprar en una farmacia?
6. Describe la foto donde no hay personas.
7. ¿Qué quiere decir "servicio a domicilio"?
8. ¿Qué compraste la última vez que fuiste a una farmacia?

## Puntos de partida

9. ¿En qué se diferencian las farmacias que aparecen en las fotos de las farmacias en los Estados Unidos?
10. ¿Qué es un farmacéutico o una farmacéutica?
11. ¿Qué tiene que hacer una persona para hacerse farmacéutico?
12. ¿Qué es una receta? ¿Para qué sirve?
13. ¿Qué medicamentos se pueden comprar sin receta?
14. ¿Por qué hace falta tener receta para comprar algunos medicamentos?
15. En algunos lugares de Europa y América Latina las farmacias se turnan para estar de guardia toda la noche. ¿Cuál es el propósito de esto?
16. ¿Las farmacias en tu ciudad ofrecen servicio a domicilio?
17. Además de medicamentos, ¿qué se puede comprar en una droguería?
18. ¿Qué medicamento tomas cuando te duele la cabeza?
19. ¿Qué cosas necesitas para preparar un botiquín de primeros auxilios?
20. Describe las distintas partes de una droguería.

## Temas para conversación

1. Los medicamentos peligrosos.
2. Los productos de belleza.
3. La compra de medicamentos sin consultar con un médico.

## Imaginar y presentar    *Enact the described situation in Spanish.*

Three friends arrived at their vacation destination without their luggage, which had been lost by the airlines. Fortunately, the airline representative provided them with money for replacements. First of all, they go together to a drugstore, and discuss which items they will need to buy.

to drive (a car) **manejar, conducir, guiar**
to drive (a distance) **viajar**
to steer, control **gobernar (ie)**
to park **aparcar(se), estacionar(se)**
to blow (*a horn*) **tocar, pitar**
to blow (*air*) **soplar**
to work (*function*) **funcionar**

through **a través de**
luxurious **lujoso**

vehicle **el vehículo**
four-wheel drive **la tracción en las cuatro ruedas**
van **la vagoneta** (*Mexico*), **el monovolúmen** (*Spain*)
station wagon **la ranchera, la camioneta**
truck **el camión**
bus **el autobús, el autocar**
bumper **el parachoques**
license plate **la placa (de matrícula)**
parking **el aparcamiento, el estacionamiento**
automobile, car **el coche** (*Spain, Mexico*), **el carro** (*Spanish America*), **el automóvil** (*general*)
new car **el coche nuevo**

used car **el coche usado, el coche de ocasión, el coche de segunda mano**
engine **el motor**
driver **el conductor, la conductora**
front seat **el asiento delantero**
rear seat **el asiento trasero**
bucket seat **el asiento anatómico**
seat belt **el cinturón (de seguridad)**
steering wheel **el volante**
horn **la bocina**
windshield **el parabrisas**
windshield wiper **el limpiaparabrisas**
hood **el capó**
glove compartment **la guantera, el portaguantes**
dashboard **el tablero (de instrumentos)**
clock **el reloj**
vent **la ventosa**
heater **el calefactor**
air conditioning **el aire acondicionado**
radio **la (el) radio**
button, knob **el botón**
light **la luz**
pedal **el pedal**
accelerator, gas pedal **el acelerador**
starter **el arrancador**
start, starting **el arranque**

brake **el freno**

emergency brake **el freno de emergencia**
power brakes **los servofrenos**
clutch **el embrague**
automatic transmission **la transmisión automática**
standard (stick) transmission **la transmisión a palanca**
speed **la velocidad**
speedometer **el velocímetro**
odometer **el odómetro**
mile **la milla** (*1.6 kilómetros*)
kilometer **el kilómetro** (*.62 de milla*)
miles per hour **millas por hora**
kilometers per hour **kilómetros por hora**
door **la portezuela, la puerta**
handle **la manija**
window **la ventana**
electric window **la ventana eléctrica**
rear-view mirror **el retrovisor**
sun visor **la visera**
armrest **el apoyabrazos**
ashtray **el cenicero**
map **el mapa, el plano**
tool **la herramienta**
back seat **el asiento de atrás**

# 22 Los vehículos

## Análisis de la foto

1. ¿Qué tipo de vehículos aparecen en la foto?
2. ¿En qué se diferencian ambos vehículos?
3. ¿Qué puede indicar el número en la parte alta del vehículo grande? Explica por qué.
4. ¿Dónde tiene el carro el motor?
5. ¿Tiene las mismas ruedas un autobús que un carro?
6. ¿Qué es un cinturón de seguridad y para qué sirve?
7. ¿Usa la gente cinturón de seguridad en los autobuses? ¿Por qué?
8. ¿En qué parte de los vehículos está el conductor? ¿Por qué?
9. ¿Dónde están los parachoques? ¿Para qué sirven?
10. ¿Dónde tiene el autobús la matrícula? ¿Para qué sirve?
11. ¿Por qué en Europa los carros suelen ser más pequeños que en los Estados Unidos?

## Puntos de partida

12. ¿En qué se diferencia un carro de transmisión automática de uno de transmisión a palanca?
13. ¿Qué es un 4×4?
14. ¿Cuáles son las ventajas de un carro con tracción en las cuatro ruedas? ¿Y las desventajas?
15. ¿Qué ventajas y qué inconvenientes tienen los carros tipo ranchera?
16. ¿Prefieres un carro grande o uno pequeño? ¿Por qué?
17. ¿Qué se requiere para poder manejar en los Estados Unidos?
18. ¿Cuáles son las diferencias entre un camión y un carro?
19. ¿Cuáles son algunas cosas que se pueden guardar en la guantera?
20. Describe tu carro favorito.

## Temas para conversación

1. Describe el interior de un carro.
2. Cómo elegir un carro.
3. Cómo ser un buen conductor.

## Imaginar y presentar    *Enact the described situation in Spanish.*

A learner is at the steering wheel, and next to him or her sits the driving instructor. In the back seat is another student whose turn to practice will be next. As the learner starts the car and drives along the road, she or he gets confused as to what to do, and asks questions. The instructor offers advice, and the person in the back seat cannot resist providing some (unwelcome) pointers.

to get (put in) gasoline **poner gasolina**
to get (put in) water **poner agua**
to get (put in) air **inflar**
to lubricate, grease **engrasar**
to change the oil **cambiar el aceite**
to fix **reparar, reponer**
to leak **gotear**
to fill **llenar**
to take **llevar**
to take a trip **hacer un viaje, irse de viaje**
to cover a distance, traverse **recorrer**
to tow **remolcar**
to turn on (*a light*) **encender (ie)**
to start (*an engine*) **arrancar**
to turn off (*a light*); to stop (*an engine*) **apagar**
to run (*said of an engine*) **funcionar**
to drive **conducir, guiar**
to take care of **cuidar**
to keep in good repair **mantener (ie)**
to hurt, do harm to **dañar**
to identify **identificar**
to save **ahorrar**

broken **roto**
foreign **extranjero**
ready **listo**

service station, gas station **la estación de servicio *o* de gasolina, la gasolinera**
self-service **el autoservicio**
motorist, driver **el conductor, la conductora**
attendant **el empleado, la empleada**
automobile, car **el coche** (*Spain, Mexico*), **el carro** (*Spanish America*), **el automóvil** (*general*)
engine **el motor**
sedan **el sedán**
coupé **el cupé**
convertible **el convertible, el transformable, el descapotado**
station wagon **la ranchera, la camioneta**
tire **el neumático, la llanta, la goma**
whitewall tire **el neumático de banda blanca**
wheel **la rueda**
trunk **el portaequipaje, el baúl, el maletero**
headlight **el faro**
tail light **la luz trasera**

bumper **el parachoques**
hose **la manguera**
license plate **la placa (de matrícula), la matrícula**
driver's license **el carné (de conducir), la licencia**
lubrication, "grease job" **el engrase**
grease gun **la pistola de engrase**
rack **la plataforma**
battery **la batería, el acumulador**
radiator **el radiador**
crankcase **el cárter**
seat **el asiento**
map **el mapa, el plano**
tank **el depósito (de gasolina)**
gallon **el galón** (*3.78 litros*)
liter **el litro** (*1.06 cuartos*)
mile **la milla** (*1.6 kilómetros*)
kilometer **el kilómetro** (*.62 de milla*)
antifreeze **el líquido anticongelante**
oil **el aceite**
maintenance **la conservación, el mantenimiento**
service area **el área de servicio**
mechanical breakdown **la avería**
gas pump **el surtidor**
tow truck **la grúa**

# 23  La estación de servicio

## Análisis de la foto

1. ¿Qué hacen las personas en la foto?
2. ¿Quién está poniendo la gasolina en el carro? ¿Por qué?
3. ¿Qué partes del carro se ven en la foto?
4. ¿Qué hace el conductor?
5. Además de comprar gasolina, ¿qué otros servicios para el carro se pueden obtener en la estación de servicio?
6. Además de los servicios para el carro, ¿qué otras cosas se pueden comprar en una estación de servicio?
7. ¿Qué es la presión de los neumáticos?
8. ¿Cuántos tipos de gasolina hay?

## Puntos de partida

9. ¿Qué es el carné de conducir? ¿Por qué hay que llevarlo cuando se maneja un carro?
10. ¿Dónde se pone agua en un automóvil?
11. ¿Qué hay que hacer para poner gasolina en un carro?
12. Si la gasolina cuesta $1,50 el galón, ¿cuánto cuesta llenar un depósito de 15 galones de capacidad?
13. ¿Cada cuántas millas se debe cambiar el aceite?
14. ¿Qué es el líquido anticongelante? ¿Para qué se usa?
15. Si estás manejando en una autopista y ves un cartel que dice "Área de servicio", ¿qué significa?
16. ¿Por qué tiene que estar apagado el motor cuando se pone gasolina?
17. ¿Por qué hay un límite de velocidad establecido en las autopistas?
18. ¿Cuál es la diferencia entre un sedán y un convertible?
19. Si se avería tu carro en la autopista, ¿qué puedes hacer?
20. ¿Qué es un mecánico?

## Temas para conversación

1. Lo que cuesta mantener un carro.
2. Lo que se debe hacer para mantener un carro en buenas condiciones.
3. Lo bueno y lo malo de ser dueño o dueña de un carro.

## Imaginar y presentar     *Enact the described situation in Spanish.*

Two friends are about to go on a long car trip. At the insistence of one of them, they take their car into a service station for a complete check-up. The mechanic finds a lot of problems with their car and suggests extensive work be done before they depart. The friend who suggested the check-up thinks they should follow the mechanic's advice, but the other friend does not think the repairs are necessary. A discussion ensues among the three people.

to check (*baggage*) **facturar**
to board **abordar**
to take off **despegar**
to fly **volar (ue)**
to fasten the seat belt
  **abrochar(se) el cinturón**
to land **aterrizar**
to pick up (*baggage*) **recoger**
to lose **perder (ie)**
to show **mostrar (ue)**
to wave **saludar con la mano**
to paint **pintar**
to board **embarcar**

from **procedente de**
to **con destino a**
international **internacional**
domestic (*as opposed to
  international*) **nacional**
since, in as much as **puesto que**

airport **el aeropuerto**
airline **la línea aérea**
airplane **el avión**
jet **el jet, el avión de reacción
  (*o* de propulsión a
  chorro)**
pilot **el piloto, la pilota**
flight attendant, steward,
  stewardess **el, la auxiliar de
  vuelo; la azafata**

passenger **el pasajero, la
  pasajera**
flight **el vuelo**
ticket **el billete** (*Spain*), **el
  tiquete, el boleto** (*Spanish
  America*)
ticket office **la taquilla, el
  despacho**
reservation **la reserva, la plaza,
  la reservación** (*Spanish
  America*), **el cupo** (*Spanish
  America*)
check-in counter **la facturación**
waiting list **la lista de espera**
door, gate **la puerta**
security **la seguridad**
boarding pass **la tarjeta de
  embarque**
flight crew **la tripulación**
observation platform **la terraza**
control tower **la torre de mando**
waiting room **la sala de espera**
baggage **el equipaje**
baggage inspection **la inspección
  de equipaje**
suitcase **la maleta**
baggage claim room **la sala de
  reclamación de equipajes**
first class **la primera clase**
economy class **la clase turista** (*o*
  **económica**)

tourist **el, la turista**
smoking section **los fumadores**
nonsmoking section **los no
  fumadores**
customs **la aduana**
immigration **la inmigración**
documents (*passport, entry card,
  vaccination card, etc.*) **la
  documentación**
passport **el pasaporte**
take off **el despegue**
ground crew **el personal de
  tierra**
landing **el aterrizaje**
arrival **la llegada**
departure **la salida**
cockpit **la cabina de mando, la
  carlinga**
engine **el motor**
ramp **la rampa**
stairs **la escalera**
wing **el ala** *f.*
tail **la cola**
propeller **la hélice**
seat **el asiento, la plaza, el cupo**
  (*Spanish America*)
flag **la bandera**
aisle **el pasillo**
window **la ventana**
check-in counter **el mostrador
  de facturación**

# 24 El aeropuerto

## Análisis de las fotos

1. ¿Dónde están las personas que aparecen en la foto?
2. ¿Qué están haciendo?
3. ¿Por qué hay que pasar por el mostrador de facturación antes de embarcar en el avión?
4. ¿Por qué llevan uniforme las dos personas que están detrás de los mostradores?
5. ¿Qué tiene en la mano el empleado que está en la parte derecha de la foto?
6. ¿Qué tiene en la mano el hombre que está de espaldas?
7. ¿Por qué hay que hacer cola antes de facturar las maletas?
8. ¿Qué tipo de aviones aparecen en la otra foto?
9. ¿Para qué sirve el edificio que aparece en el primer plano?
10. Además de los aviones, ¿qué otro tipo de vehículos aparecen en la foto?
11. ¿Para qué están esos vehículos en el aeropuerto?

## Puntos de partida

12. ¿En qué consiste la facturación antes del embarque?
13. ¿Cuál es el propósito de la aduana?
14. ¿Qué suelen preguntar los empleados de tierra cuando se hace la facturación?
15. Una vez que se ha facturado el equipaje, ¿qué se debe hacer?
16. ¿Qué podemos hacer si nuestro vuelo se ha retrasado dos horas?
17. ¿Cuántas clases de asientos hay dentro de un avión? ¿En qué se diferencian?
18. ¿Cuál es la función de los auxiliares de vuelo?
19. ¿Qué equipaje se puede llevar en el avión y cuál hay que facturar?
20. ¿Qué es un pasaporte? ¿Quién lo necesita?

## Temas para conversación

1. Lo bueno y lo malo de viajar en avión.
2. La mejor y la peor experiencia que has tenido en un aeropuerto.
3. Las diferencias entre viajar en primera clase y en la clase turista.

## Imaginar y presentar    *Enact the described situation in Spanish.*

Two people have just arrived home safely after a long flight—but what a horrible trip! Practically everything imaginable went wrong: they left their tickets, boarding passes, and passports in their hotel room and had to go back for them; their seats were in the tail of the plane; the stewardess spilled hot coffee on them; the plane had engine trouble; the flight arrived late; the customs official made them open all their luggage; etc., etc. They explain their troubles to a friend who is waiting in the airport to pick them up.

to take, catch (*a train*) **tomar**
to check (*baggage*) **facturar, depositar**
to claim **demandar, reclamar**
to travel **viajar**
to leave, depart **salir, partir, irse**
to arrive **llegar**
to stop (at) **hacer escala (en), pararse (en)**
to carry **llevar**
to know, meet **conocer**
to help **ayudar**
to eat **comer**
to browse, leaf through **hojear**

instead of **en vez de**
sometimes **a veces**
late **retrasado, con retraso**
early **con anticipación**
diesel **diesel**
electric **eléctrico**
today, these days **hoy día**

railroad station **la estación de ferrocarril**
train **el tren**
freight train **el tren de carga (*o* de mercancías)**
express train **el tren de cercanías, el suburbano**
locomotive **la locomotora**
engineer **el, la ingeniero**
conductor **el conductor, la conductora**
porter **el mozo, la moza; el portero, la portera**
ticket **el billete** (*Spain*), **el tiquete, el boleto** (*Spanish America*)
ticket window **la taquilla**
one-way ticket **el billete de ida**
round-trip ticket **el billete de ida y vuelta**
timetable **el horario**
baggage **el equipaje**
seat **el asiento**

train car **el vagón**
baggage check area **el depósito de equipajes, la consigna**
locker **el armario para el equipaje**
suitcase **la maleta**
passenger **el pasajero, la pasajera**
first class **la primera clase**
second class **la segunda clase**
all aboard **el último aviso**
Pullman, sleeping car **el coche-cama**
diner **el coche-comedor**
track **la vía**
cart **el carrito**
newsstand **el quiosco, el kiosco**
magazine **la revista**
time (*clock time*) **la hora**
time (*occasion*) **la vez, la ocasión**
clock **el reloj**
platform **el andén**
image **la imagen**

# 25 La estación de ferrocarril

## Análisis de las fotos

1. ¿Cuántos vagones se pueden ver en el tren de la foto?
2. ¿Cuál es la locomotora? ¿Cómo lo sabes?
3. ¿Por qué hay tantos cables por encima del tren y para qué sirven?
4. ¿Qué tipo de tren es?
5. Describe lo que puede llevar en su interior.
6. ¿Para qué sirven las vías del tren?
7. ¿Qué hacen las personas que aparecen en la foto?
8. ¿Crees que están entrando en el tren o saliendo del tren? ¿Por qué?
9. ¿Qué puede ser la imagen de color azul que está en la parte de arriba de la foto?
10. ¿Por qué es importante para estas personas saber la hora que es?

## Puntos de partida

11. ¿Cuál es la diferencia entre un tren de mercancías y uno de pasajeros?
12. ¿Dónde se puede comprar un boleto de tren?
13. ¿Qué quiere decir "último aviso"?
14. ¿Cuántas clases de asientos hay en un tren de larga distancia?
15. ¿Qué es un tren de cercanías?
16. ¿Qué es la consigna?
17. ¿Por qué los trenes de cercanías no llevan coches-cama?
18. ¿Por qué el tren es más barato que el avión?
19. ¿Qué cosas se pueden hacer en una estación de ferrocarril además de tomar un tren?
20. ¿Hoy día crees que la gente viaja más en tren o en avión? ¿Por qué?

## Temas para conversación

1. Viajar en tren o viajar en avión.
2. El viaje en tren de mis sueños.
3. El impacto ecológico del tren y del avión.

## Imaginar y presentar    *Enact the described situation in Spanish.*

Two tourists from the United States are in the Madrid train station waiting to catch the train to Paris. It is their first experience taking the train in Europe. They spot another young person who seems to know what he or she is doing, so they ask this person questions about train travel—the different classes, the sleeping and dining cars, the baggage check, etc.

to mail **enviar (por correo), echar (al correo)**
to register or certify (*a letter*) **certificar, registrar**
to deliver **entregar, repartir**
to weigh **pesar**
to collect **cobrar**
to lose **perder (ie)**
to delay, take time **tardar**
to look for **buscar**
to arrive **llegar**
to return, give back **devolver (ue)**
to stay, remain **quedar(se)**
to fax **enviar un fax**
to e-mail **enviar un mensaje por correo electrónico**
to use **utilizar**
to insure a mailing **asegurar un envío**

other; rest (of the) **demás**
before **antes de**
fast **rápido**
slow **lento**
valuable **valioso**

post office, mail **el correo**
letter **la carta**

postcard **la tarjeta postal**
envelope **el sobre**
stamp **el sello** (*Spain*), **la estampilla, el timbre** (*Spanish America*)
sheet of stamps **la hoja de sellos**
airletter **el aerograma**
airmail **el correo aéreo, por avión**
airmail stamp **el sello aéreo**
special delivery **(la entrega) urgente, la entrega inmediata**
special-delivery stamp **el sello de urgencia**
commemorative stamp **el sello conmemorativo**
mailbox, letter slot **el buzón**
regular mail (first-class) **el correo ordinario**
express mail **el correo por expreso, el exprés**
ounce (*28.4 grams*) **la onza**
pound (*16 ounces*) **la libra**
package **el paquete**
postage **el franqueo**
domestic postage **el franqueo nacional**
foreign postage **el franqueo al exterior (*o* al extranjero)**

address **las señas, la dirección**
return address **el, la remitente**
postmark **la estampa de correo, el matasellos**
postal meter **la franqueadora, el contador postal**
metered postage **la correspondencia contada**
mail carrier **el, la cartera**
post-office box **el apartado, la casilla**
home delivery **el reparto a domicilio**
general delivery **la lista de correos**
postal code, "ZIP" code **el distrito postal**
C.O.D. **de cobro a la entrega, el pago contra reembolso**
(clerk's) window **la ventanilla**
clerk **el, la dependiente(a)**
delay **la demora**
date **la fecha**
fax machine **la máquina de fax**
destination **el destinatario**
amount, quantity **la cantidad**
shorts **los pantalones cortos**
mail bag **la cartera**
cap **la gorra**

# 26 La oficina de correos

## Análisis de la foto

1. ¿Cuál es la ocupación del hombre que aparece en la foto?
2. ¿Qué está haciendo?
3. ¿Qué hay en la cartera que lleva colgada del hombro?
4. ¿Por qué va vestido con un uniforme?
5. Describe el uniforme.
6. ¿Por qué llevará pantalón corto?
7. ¿Podría ser un cartero de los Estados Unidos? ¿Por qué sí o no?

## Puntos de partida

8. ¿Qué es un timbre? ¿Para qué sirve?
9. ¿Qué es el correo urgente? ¿Cuándo se utiliza?
10. ¿Qué es una tarjeta postal?
11. ¿Cuánto cuesta el timbre de una carta por correo ordinario dentro de los Estados Unidos?
12. ¿Dónde se ponen las señas en una carta?
13. ¿Qué es el remite y para qué sirve?
14. ¿Cuáles pueden ser las razones por las que a veces enviar una carta al mismo destinatario cuesta una cantidad diferente?
15. ¿Cómo se puede saber la cantidad de timbres que hay que poner en una carta para que llegue a su destinatario?
16. ¿Qué es el matasellos y qué indica?
17. ¿Qué es el fax?
18. ¿Crees que el fax va sustituir al correo tradicional? ¿Por qué sí o no?
19. ¿Qué es el correo electrónico?
20. ¿Para qué puedes utilizar el correo electrónico y para qué no sirve?

## Temas para conversación

1. Comparar las ventajas e inconvenientes del correo, del fax y del correo electrónico.
2. El sistema de correos en los Estados Unidos.
3. El trabajo diario de un cartero o una cartera.

## Imaginar y presentar   *Enact the described situation in Spanish.*

It is mid-December and a busy time at the post office. There is a long line of customers with different requests. As each arrives at the window, they explain what they need. The clerk is new, and makes a noble effort to serve each postal customer as well as possible.

to reserve, book **reservar**
to check in, register **inscribirse**
to check out **irse**
to show to one's room **llevar al cuarto**
to pay the bill **pagar la cuenta**
to stay (stop) at a hotel **alojarse en un hotel**
to clean the room **limpiar la habitación**
to carry; to wear **llevar**
to request, call for **pedir (i, i)**
to call **llamar**
to hand (over) **entregar**
to receive **recibir**
to be accustomed to **soler (ue)**
to vacate the room **dejar la habitación**
to have to do with **tratarse de**

unlucky **de mala suerte**
outside **fuera de**
luxury **de lujo**
in front to **delante de**
decorated **decorado**
urban **urbano**

hotel **el hotel**
motel **el motel**
resort hotel **el hotel de vacaciones**
reservation **la reservación**
room **la habitación, el cuarto**
single room **la habitación individual, la habitación sencilla**
double room **la habitación doble**
suitcase, bag **la maleta**
luggage, bags **el equipaje**
credit card **la tarjeta de crédito**
front desk **la recepción**
counter **el mostrador**
desk clerk **el, la recepcionista**
bellhop **el, la botones**
(hotel) guest **el, la huésped**
surname **el apellido**
mail **el correo, la correspondencia**
box for mail or messages **la casilla**
set of mailboxes, pigeonholes **el casillero**
key **la llave**

lobby **el vestíbulo, el hall**
elevator **el ascensor** (*Spain*), **el elevador** (*Spanish America*)
parlor **el salón**
floor (*on which one walks*) **el suelo, el piso**
floor (*story*) **el piso, la planta**
ground floor (main floor, first floor) **la planta baja**
second floor (*European first floor*) **el primer piso**
chambermaid **la camarera**
service **el servicio**
room service **el servicio de cuarto, el servicio de pisos**
tip **la propina**
rug **la alfombra**
mirror **el espejo**
wall **la pared**
minibar **el minibar**
fire escape **la escalera de incendios**
emergency exit **la salida de emergencia**

# 27 El hotel

## Análisis de la foto

1. ¿Qué objetos te hacen pensar que la escena está tomada en la recepción de un hotel?
2. ¿Se trata de un hotel grande o pequeño? ¿Cómo lo sabes?
3. ¿Qué cosas hay en la recepción?
4. ¿Dónde está el mostrador de la recepción?
5. ¿Quiénes pueden ser las personas que están delante del mostrador?
6. ¿Qué pueden estar haciendo?
7. ¿Dónde crees que están los recepcionistas?
8. ¿Qué hay en el centro del salón?
9. ¿Cómo están decoradas las paredes?
10. ¿Crees que se trata de un hotel urbano o de un hotel de vacaciones? ¿Por qué?

## Puntos de partida

11. ¿Cuándo se paga la cuenta del hotel?
12. ¿Cuándo y por qué se da propina a los botones?
13. ¿Cuándo y por qué se puede pedir servicio de cuarto?
14. ¿Cuál es la diferencia entre una habitación doble y una sencilla?
15. ¿Qué es un motel?
16. ¿Qué quiere decir "habitación más desayuno"?
17. ¿Qué es el servicio de minibar?
18. ¿Por qué los hoteles obligan a los huéspedes a dejar las habitaciones entre las 11:00 y las 12:00 del mediodía?
19. ¿Para qué sirven la escalera de incendios y la salida de emergencia en un hotel?
20. ¿Cómo se puede recibir correspondencia en un hotel?

## Temas para conversación

1. Diferencias entre un hotel y un motel.
2. Las ventajas del hotel de lujo.
3. El trabajo en el hotel.

## Imaginar y presentar    *Enact the described situation in Spanish.*

A family of four, exhausted after a long trip, arrives at a hotel. The parents ask the bellhop to bring in their luggage, tell the children to sit in the lobby, and go to the front desk. They tell the receptionist that they made a reservation for a double room and two single rooms, but the receptionist cannot find their reservation and offers them two double rooms instead. The parents call their children, and a discussion ensues among the family members and the receptionist.

**CARTA**
**LA MARACA**
**(RESTAURANTE LATINO)**

### SOPAS y CALDOS (*soups and broths*)

| | |
|---|---|
| Sopa de ajo (*garlic soup*) | 400 ptas. |
| Sopa de verduras (*minestrone soup*) | 400 ptas. |
| Sopa de cebolla (*onion soup*) | 350 ptas. |
| Sopa de hongos (*mushroom soup*) | 350 ptas. |
| Crema de espárragos (*cream of asparagus soup*) | 500 ptas. |

### APERITIVOS y TAPAS (*appetizers*)

| | |
|---|---|
| Chiles rellenos (*stuffed chiles*) | 300 ptas. |
| Quesadillas rancheras | 300 ptas. |
| Guacamole con camarones (*guacamole with shrimp*) | 900 ptas. |
| Jamón serrano (*cured ham*) | 1.000 ptas. |
| Tabla de quesos (*assorted cheeses*) | 850 ptas. |
| Champiñones a la plancha (*grilled mushrooms*) | 400 ptas. |
| Enchiladas rojas (*red enchiladas*) | 500 ptas. |

### ENSALADAS (*salads*)

| | |
|---|---|
| Ensalada mixta (*lettuce, tomato, and onion salad*) | 600 ptas. |
| Ensalada de tacos (*taco salad*) | 400 ptas. |
| Ensalada del jardín (*green salad*) | 600 ptas. |

### VERDURAS y LEGUMBRES (*vegetables and legumes*)

| | |
|---|---|
| Guisantes con jamón (*peas with ham*) | 600 ptas. |
| Alcachofas rellenas (*stuffed artichokes*) | 600 ptas. |
| Lentejas estofadas (*lentil stew*) | 500 ptas. |
| Potaje de garbanzos (*chickpea stew*) | 600 ptas. |
| Espárragos con mayonesa (*asparagus with mayonnaise*) | 800 ptas. |
| Pastel de berenjenas (*eggplant pie*) | 700 ptas. |
| Patatas rellenas (*stuffed potatos*) | 650 ptas. |
| Pimientos rellenos (*stuffed peppers*) | 900 ptas. |
| Espinacas rehogadas (*sautéed spinach*) | 600 ptas. |

### HUEVOS y TORTILLAS (*eggs and omeletes*)

| | |
|---|---|
| Huevos rancheros (*eggs with salsa*) | 600 ptas. |
| Huevos revueltos con camarones y jamón (*scrambled eggs with shrimp and ham*) | 900 ptas. |
| Tortilla española (*potato omelet*) | 700 ptas. |

### CARNES (*meats*)

| | |
|---|---|
| Ternera asada (*roasted veal*) | 1.500 ptas. |
| Estofado de carne de vaca (*beef stew*) | 1.200 ptas. |
| Chuleta de puerco a la parrilla (*grilled pork chop*) | 1.800 ptas. |

| | |
|---|---|
| Bistec ranchero (*steak ranchero*) | 1.600 ptas. |
| Entrecot a la pimienta (*pepper steak*) | 1.900 ptas. |
| Cordero asado (*roasted lamb*) | 2.000 ptas. |
| Albóndigas (*meatballs*) | 1.100 ptas. |
| Pollo al ajillo (*garlic chicken*) | 1.200 ptas. |
| Estofado de gallina (*chicken stew*) | 1.600 ptas. |
| Pollo en mole poblano (*chicken with mole sauce*) | 1.300 ptas. |
| Hígado encebollado (*beef liver with onions*) | 1.000 ptas. |

### PESCADOS y MARISCOS (*seafood*)

| | |
|---|---|
| Lenguado a la plancha (*grilled sole*) | 2.100 ptas. |
| Calamares fritos (*fried calamari*) | 1.900 ptas. |
| Tiburón a la plancha (*grilled shark*) | 2.000 ptas. |
| Bacalao a la Vizcaína (*cod stew*) | 1.700 ptas. |
| Gambas a la plancha (*grilled shrimp*) | 2.500 ptas. |
| Ostras (*oysters*) | 2.700 ptas. |
| Almejas con salsa marinera (*clams with white sauce*) | 2.000 ptas. |
| Langosta (*lobster*) | 3.000 ptas. |
| Mejillones con salsa (*steamed mussels with sauce*) | 800 ptas. |
| Cangrejos (*steamed crabs*) | 1.100 ptas. |
| Zarzuela de mariscos (*mixed seafood platter*) | 2.300 ptas. |

### ESPECIALIDADES. EL CHEF RECOMIENDA
**(*the chef's specialties*)**

| | |
|---|---|
| Paella de mariscos (*seafood paella*) | 1.800 ptas. |
| Arroz con pollo (*chicken with rice*) | 1.100 ptas. |
| Pollo asado con manzanas y salsa de naranja (*roasted chicken with apples and orange sauce*) | 1.000 ptas. |
| Ceviche de pescado (*marinated fish*) | 1.600 ptas. |
| Costillas con frijoles (*ribs with beans*) | 1.200 ptas. |
| Carnitas con guacamole (*marinated pork with guacamole*) | 1.000 ptas. |

### POSTRES (*desserts*)

| | |
|---|---|
| Flan con nata y caramelo (*flan with whipped cream and caramel syrup*) | 300 ptas. |
| Dulce de leche (*caramel dessert*) | 400 ptas. |
| Pasteles especiales (*assorted pastries*) | 600 ptas. |
| Tartas de la casa (*hommade pies*) | 600 ptas. |
| Frutas de temporada (*seasonal fruits*) | 200–500 ptas. |
| Helados de la casa (*homemade ice cream*) | 300 ptas. |

### BEBIDAS (*drinks*)

| | |
|---|---|
| Vinos tintos (*red wines*) | 700–3.000 ptas. |
| Vinos blancos (*white wines*) | 600–2.500 ptas. |
| Vinos rosados (*rosé wines*) | 500–2.000 ptas. |
| Agua mineral sin gas (*mineral water*) | 300 ptas. |
| Agua mineral con gas (*sparkling mineral water*) | 300 ptas. |
| Cerveza (*beer*) | 300 ptas. |
| Jugos de frutas naturales (*natural fruit juices*) | 400 ptas. |
| Tés variados (*variety of teas*) | 200 ptas. |
| Café solo (*expresso*) | 300 ptas. |
| Café con leche (*café latte*) | 300 ptas. |
| Café cortado (*expresso with cream*) | 300 ptas. |

to eat **comer**

to take (*eat or drink*) **tomar**

to ask for, request, order **pedir (i, i)**

to try (out), test, sample **probar (ue)**

to be sold out, be out of **acabarse, no quedar**

to put on the bill **cargar (poner) en la cuenta**

to add up and render the bill **echar la cuenta**

to leave a tip **dejar de propina**

to be full (*as with food*) **estar lleno**

expensive **caro**

inexpensive **barato**

full (*satiated*) **lleno**

fresh **fresco**

canned **en lata**

well done **muy hecho, bien pasado (o asado)**

medium well **tres cuartos, a punto**

medium **medio hecho (o asado), a medio asar**

rare **poco hecho (o asado)**

both **los dos, ambos**

How much is. . .? **¿Cuánto es...?**

instead of **en vez de**

then, later **luego**

menu **la carta, el menú**

cocktail, highball, drink **el aperitivo**

meal **la comida**

fish **el pescado**

seafood (*except fish*) **los mariscos**

waiter **el camarero**

waitress **la camarera**

bill, check **la cuenta, la nota**

complaint **la reclamación**

percent **por ciento**

dollar **el dólar**

monetary unit of Spain **la peseta** (*$1 = aproximadamente 150 pesetas*)

# 28 El menú

## Análisis del menú

1 Nombra dos platos que no se ven con frecuencia en los restaurantes de los Estados Unidos.
2. ¿Qué platos del menú se hacen con arroz?
3. ¿Qué platos del menú se encuentran con frecuencia en los restaurantes de los Estados Unidos?
4. ¿Qué dos platos son los más caros de la carta? ¿Por qué?
5. ¿Qué platos llevan mariscos?
6. ¿Qué platos llevan huevos como ingrediente principal?
7. ¿Puedes identificar los platos del menú que son mexicanos? ¿Cuáles son?
8. ¿Qué platos llevan pollo?
9. ¿Cuál de los postres del menú es tu favorito? ¿Por qué?
10. ¿Qué platos de la carta has probado alguna vez?
11. Imagina que estás en el restaurante La Maraca, y selecciona una comida completa.

## Puntos de partida

12. ¿Qué tipo de carne es tu favorita? ¿Por qué?
13. ¿Qué prefieres, carne, pescado o verduras? ¿Por qué?
14. ¿Cuánto es en dólares una comida que cuesta 3.500 pesetas?
15. ¿Qué bebidas prefieres con la comida?
16. Nombra dos diferencias entre la comida latina y la tradicional de los Estados Unidos.
17. ¿Cuál comida latina es tu favorita? ¿Por qué?
18. En pesetas, ¿cuánto cuesta más o menos una hamburguesa en un restaurante barato de los Estados Unidos? ¿y un helado de chocolate para una persona?
19. ¿Qué platos hay para vegetarianos en la cocína latina?
20. ¿Qué haces si la cuenta no está bien calculada?

## Temas para conversación

1. Mi restaurante favorito.
2. La comida que yo pediría si el precio no tuviera importancia.
3. Un plato especial que yo sé preparar.

## Imaginar y presentar   *Enact the described situation in Spanish.*

A group of friends are at a restaurant. As they look over the menu, they discuss which items appeal to them and which do not. When the waiter or waitress arrives, they order their food. (Use the menu in the illustration or another menu in Spanish.)

to increase **aumentar, incrementar**
to liquidate, pay off a debt **liquidar**
to spend **gastar**
to save **ahorrar**
to make payment **efectuar el pago**
to set up, draw up (a budget) **hacer, entablar (un presupuesto)**
to maintain, keep (a budget) **mantener (ie) (un presupuesto)**
to review, go over **repasar, revisar**
to predict **predecir, pronosticar**
to foresee **prever**
to exceed **exceder, ser más elevado que**

medical **médico**
dental **dental**
daily **diario**
weekly **semanal**
monthly **mensual**
usual **corriente**
if so **en caso afirmativo**
if not **de lo contrario**
how much? **¿cuánto?**
plus **más**
minus **menos**
within, inside, in **dentro (de)**
each, every **cada**
instead of **en vez de**

(family) budget **el presupuesto (familiar)**
cost of living **el costo de la vida**
income **la renta, los ingresos**

expenditure **el desembolso**
expense **el gasto**
payment **el pago**
down payment **el pago inicial, la cuota inicial**
purchase **la compra**
installment purchase **la compra a plazos**
amount **la suma, la cantidad, el importe**
savings **los ahorros**
loan **el crédito, el préstamo**
thirty year loan **el crédito liquidable a treinta años**
raise (in salary) **el aumento**
bill **la cuenta**
salary **el sueldo**
money **el dinero**
dollar **el dólar**
banknote **el billete**
calculator **la calculadora**
checkbook **el talonario (de cheques), la chequera** (*Spanish America*)
investment **la inversión**
certificate of deposit **el bono bancario**
stock shares **las acciones de bolsa**
mutual funds **los fondos de inversión**
bank **el banco**
credit card **la tarjeta de crédito**
checking account, charge account **la cuenta corriente**
savings account **la cuenta de ahorros**
rent **el alquiler**

mortgage **la hipoteca**
utility **la empresa de servicio público, la utilidad**
tax **el impuesto**
insurance **el seguro**
interest **el interés, los intereses**
transportation **el transporte**
clothes, clothing **la ropa, los vestidos**
food, groceries **los comestibles, los víveres**
entertainment **la diversión, el entretenimiento**
vacation **las vacaciones**
pocket money, spending money, allowance **el dinero de bolsillo**
year **el año**
husband **el esposo, el marido**
wife **la esposa, la mujer**
(married) couple **el matrimonio**
unmarried person **el soltero, la soltera**
child **el niño, la niña**
table **la mesa**
envelope **el sobre**
sheet of paper **la hoja**
face **el rostro**
hand **la mano**
financial advisor **el consejero financiero, la consejera financiera**
suggestion **la sugerencia**
strategy **la estrategia**
percent **el por ciento**

# 29 Las finanzas personales

## Análisis de la foto

1. ¿Qué hace la mujer en la foto? ¿Qué hace la niña?
2. ¿Qué tiene la mujer en las manos? ¿Qué tiene en la mesa?
3. ¿Qué es el instrumento que está encima de algunos papeles en la mesa y para qué sirve?
4. Describe la expresión en el rostro de la mujer. ¿Por qué tendrá esta expresión?
5. ¿Qué estará aprendiendo la niña de su madre?

## Puntos de partida

6. ¿Qué son los ahorros?
7. ¿Dónde tienes tus ahorros—en casa o en el banco?
8. ¿Qué es un presupuesto?
9. ¿Para qué se hacen los presupuestos?
10. ¿Cuáles son tus gastos más importantes?
11. ¿Qué tipo de ingresos tienes?
12. Menciona algunas estrategias posibles para incrementar tus ahorros.
13. ¿Qué es un crédito?
14. ¿Cuáles son los créditos más normales en una familia?
15. Explica qué son los intereses. ¿En qué circunstancias es necesario pagar intereses?
16. ¿Qué quiere decir "un crédito liquidable en diez años al ocho y medio por ciento de interés"?
17. ¿Para qué tipo de gastos suele pedir créditos la gente joven?
18. Explica lo que es una compra a plazos.
19. ¿Cuáles son las ventajas y desventajas de la tarjeta de crédito?
20. ¿Qué es una inversión? ¿Cuáles son las inversiones más comunes?

## Temas para conversación

1. Mi presupuesto.
2. Cómo convencer a tu jefe de que necesitas un aumento de salario.
3. El costo de la vida.

## Imaginar y presentar    *Enact the described situation in Spanish.*

A couple is consulting a financial advisor regarding their financial situation—they have a tendency to overspend their earnings. They discuss the cost of each item in their monthly budget, and the advisor gives them suggestions for cutting down on their expenditures and increasing their savings.

# Año 2001

## ENERO
| Lunes | Martes | Miércoles | Jueves | Viernes | Sábado | Domingo |
|---|---|---|---|---|---|---|
| 1 | 2 | 3 | 4 | 5 | 6 | 7 |
| 8 | 9 | 10 | 11 | 12 | 13 | 14 |
| 15 | 16 | 17 | 18 | 19 | 20 | 21 |
| 22 | 23 | 24 | 25 | 26 | 27 | 28 |
| 29 | 30 | 31 | | | | |

## FEBRERO
| Lunes | Martes | Miércoles | Jueves | Viernes | Sábado | Domingo |
|---|---|---|---|---|---|---|
| | | | 1 | 2 | 3 | 4 |
| 5 | 6 | 7 | 8 | 9 | 10 | 11 |
| 12 | 13 | 14 | 15 | 16 | 17 | 18 |
| 19 | 20 | 21 | 22 | 23 | 24 | 25 |
| 26 | 27 | 28 | | | | |

## MARZO
| Lunes | Martes | Miércoles | Jueves | Viernes | Sábado | Domingo |
|---|---|---|---|---|---|---|
| | | | 1 | 2 | 3 | 4 |
| 5 | 6 | 7 | 8 | 9 | 10 | 11 |
| 12 | 13 | 14 | 15 | 16 | 17 | 18 |
| 19 | 20 | 21 | 22 | 23 | 24 | 25 |
| 26 | 27 | 28 | 29 | 30 | 31 | |

## ABRIL
| Lunes | Martes | Miércoles | Jueves | Viernes | Sábado | Domingo |
|---|---|---|---|---|---|---|
| | | | | | | 1 |
| 2 | 3 | 4 | 5 | 6 | 7 | 8 |
| 9 | 10 | 11 | 12 | 13 | 14 | 15 |
| 16 | 17 | 18 | 19 | 20 | 21 | 22 |
| 23 | 24 | 25 | 26 | 27 | 28 | 29 |
| 30 | | | | | | |

## MAYO
| Lunes | Martes | Miércoles | Jueves | Viernes | Sábado | Domingo |
|---|---|---|---|---|---|---|
| | 1 | 2 | 3 | 4 | 5 | 6 |
| 7 | 8 | 9 | 10 | 11 | 12 | 13 |
| 14 | 15 | 16 | 17 | 18 | 19 | 20 |
| 21 | 22 | 23 | 24 | 25 | 26 | 27 |
| 28 | 29 | 30 | 31 | | | |

## JUNIO
| Lunes | Martes | Miércoles | Jueves | Viernes | Sábado | Domingo |
|---|---|---|---|---|---|---|
| | | | | 1 | 2 | 3 |
| 4 | 5 | 6 | 7 | 8 | 9 | 10 |
| 11 | 12 | 13 | 14 | 15 | 16 | 17 |
| 18 | 19 | 20 | 21 | 22 | 23 | 24 |
| 25 | 26 | 27 | 28 | 29 | 30 | |

## JULIO
| Lunes | Martes | Miércoles | Jueves | Viernes | Sábado | Domingo |
|---|---|---|---|---|---|---|
| | | | | | | 1 |
| 2 | 3 | 4 | 5 | 6 | 7 | 8 |
| 9 | 10 | 11 | 12 | 13 | 14 | 15 |
| 16 | 17 | 18 | 19 | 20 | 21 | 22 |
| 23 | 24 | 25 | 26 | 27 | 28 | 29 |
| 30 | 31 | | | | | |

## AGUSTO
| Lunes | Martes | Miércoles | Jueves | Viernes | Sábado | Domingo |
|---|---|---|---|---|---|---|
| | | 1 | 2 | 3 | 4 | 5 |
| 6 | 7 | 8 | 9 | 10 | 11 | 12 |
| 13 | 14 | 15 | 16 | 17 | 18 | 19 |
| 20 | 21 | 22 | 23 | 24 | 25 | 26 |
| 27 | 28 | 29 | 30 | 31 | | |

## SEPTIEMBRE
| Lunes | Martes | Miércoles | Jueves | Viernes | Sábado | Domingo |
|---|---|---|---|---|---|---|
| | | | | | 1 | 2 |
| 3 | 4 | 5 | 6 | 7 | 8 | 9 |
| 10 | 11 | 12 | 13 | 14 | 15 | 16 |
| 17 | 18 | 19 | 20 | 21 | 22 | 23 |
| 24 | 25 | 26 | 27 | 28 | 29 | 30 |

## OCTUBRE
| Lunes | Martes | Miércoles | Jueves | Viernes | Sábado | Domingo |
|---|---|---|---|---|---|---|
| 1 | 2 | 3 | 4 | 5 | 6 | 7 |
| 8 | 9 | 10 | 11 | 12 | 13 | 14 |
| 15 | 16 | 17 | 18 | 19 | 20 | 21 |
| 22 | 23 | 24 | 25 | 26 | 27 | 28 |
| 29 | 30 | 31 | | | | |

## NOVIEMBRE
| Lunes | Martes | Miércoles | Jueves | Viernes | Sábado | Domingo |
|---|---|---|---|---|---|---|
| | | | 1 | 2 | 3 | 4 |
| 5 | 6 | 7 | 8 | 9 | 10 | 11 |
| 12 | 13 | 14 | 15 | 16 | 17 | 18 |
| 19 | 20 | 21 | 22 | 23 | 24 | 25 |
| 26 | 27 | 28 | 29 | 30 | | |

## DICIEMBRE
| Lunes | Martes | Miércoles | Jueves | Viernes | Sábado | Domingo |
|---|---|---|---|---|---|---|
| | | | | | 1 | 2 |
| 3 | 4 | 5 | 6 | 7 | 8 | 9 |
| 10 | 11 | 12 | 13 | 14 | 15 | 16 |
| 17 | 18 | 19 | 20 | 21 | 22 | 23 |
| 24 | 25 | 26 | 27 | 28 | 29 | 30 |
| 31 | | | | | | |

to fall, occur **caer**
to celebrate **celebrar**
to be born **nacer**
to take place **tener (ie) lugar**
to elapse **transcurrir**

long **largo**
short **corto**
each, every **cada**
unfortunate **desgraciado**
favorite **favorito, predilecto**

calendar **el calendario**
date **la fecha**
month **el mes**
week **la semana**
Sunday **el domingo**
Monday **el lunes**
Tuesday **el martes**
Wednesday **el miércoles**
Thursday **el jueves**
Friday **el viernes**
Saturday **el sábado**
year **el año**
leap year **el año bisiesto**

school year **el año escolar**
academic year **el año académico**
hour, time **la hora**
minute **el minuto**
second **el segundo**
noon **el mediodía**
midnight **la medianoche**
standard time **la hora legal, la hora normal**
daylight-saving time **la hora de verano**
daylight **la luz de día**
vernal equinox **el equinoccio de primavera**
autumnal equinox **el equinoccio de otoño**
spring **la primavera**
summer **el verano**
fall **el otoño**
winter **el invierno**
workday **el día de trabajo, el día laborable**
holiday **la fiesta, el día de fiesta, el día festivo**

weekend **el fin de semana**
long weekend **el puente (de fiesta)**
birthday **el cumpleaños**
saint's day **el (día del) santo**
Christmas **la Navidad**
Easter **la pascua (de flores), la pascua florida, el domingo de pascua**
New Year's Day **el día de año nuevo**
eve **la víspera**
Thanksgiving Day (*U.S.A.*) **el día de acción de gracias**
Independence Day (*U.S.A.*) **el día de la independencia**
Labor Day (*U.S.A.*) **el día del trabajo**
Memorial Day (*U.S.A.*) **el día (de recordación) de los caídos**
country **el país**
horoscope **el horóscopo**
life **la vida**

# 30 El calendario

## Análisis del calendario

1. ¿Qué meses tienen treinta y un días? ¿Cuáles tienen treinta?
2. ¿Qué días de la semana son normalmente laborables?
3. ¿Qué es un día festivo? ¿Cuáles días de la semana normalmente son festivos?
4. ¿En qué día de la semana cae la Navidad del año 2001? ¿y el día de la independencia de los Estados Unidos?
5. ¿En qué fecha cae el día del trabajo del año 2001? ¿y el día de acción de gracias?
6. ¿Hay algún viernes y trece en el año 2001? ¿Por qué los viernes y trece son especiales en la cultura norteamericana?
7. ¿Qué meses del año 2001 tienen cinco domingos?
8. ¿Cuántos días tiene la semana? ¿cuántas semanas el año? ¿cuántos días el año? ¿cuántos meses el año?

## Puntos de partida

9. ¿Cuántos segundos hay en un minuto? ¿cuántos minutos en una hora?
10. ¿Qué es un año bisiesto? ¿Es el año 2001 un año bisiesto?
11. Si el año 2000 fue bisiesto, ¿cuándo será el próximo? ¿Cuántos años bisiestos has tenido en tu vida?
12. ¿En qué día cae tu cumpleaños en el año 2001?
13. En tu opinión, ¿cuál es la fiesta más importante en los Estados Unidos? ¿Por qué?
14. ¿Qué meses tienen los días más largos y cuáles los más cortos?
15. ¿Qué es el equinoccio? ¿Cuándo empiezan los equinoccios de otoño y de primavera?
16. ¿Por qué se cambia la hora en invierno y verano?
17. Nombra tres fechas importantes en la historia de tu vida y explica por qué son importantes.
18. Enumera los meses del año académico.
19. ¿Cuál es tu fiesta favorita y en qué día cae?

## Temas para conversación

1. La celebración del año nuevo.
2. Las vacaciones de verano.
3. Las fechas más importantes del año académico.

## Imaginar y presentar     *Enact the described situation in Spanish.*

It is late summer, and a family of four is planning their activities for the up-coming academic year. They discuss when the school year begins and ends, when they will be on vacation and what they will do during each vacation, and how they will spend the major holidays.

to pay **pagar**
to receive **recibir**
to lend **prestar**
to borrow **pedir (i, i) prestado**
to deposit **depositar, abonar**
to withdraw **retirar, sacar**
to open an account **abrir una cuenta**
to cash (*a check*) **cobrar, hacer efectivo**
to earn **ganar**
to spend **gastar**
to fill out (*a form*) **llenar**
to invest **invertir (ie, i)**
to form a line (*of people*) **hacer cola**
to sign **firmar**
to endorse **endosar**
to function, work **funcionar**
to forget **olvidar(se)**
to think; to intend **pensar (ie)**
to lose **perder (ie)**
to sit down **sentarse (ie)**

soon, shortly **en breve**
today **hoy**

bank **el banco**
banker (*officer of a bank*) **el banquero, la banquera**

bank employee **el bancario, la bancaria; el empleado, la empleada de banco**
teller **el pagador, la pagadora; el cajero, la cajera**
teller's window **la ventanilla**
automatic teller machine **el cajero automático**
screen **la pantalla**
ATM card **la tarjeta para cajero**
keys (*on keyboard*) **las teclas**
password **la clave de identificación**
service charge **la comisión**
money **el dinero**
cash **el efectivo, el dinero en efectivo**
banking hours **el horario de banco**
loan **el préstamo**
interest **el interés, los intereses**
rate of interest **el tipo de interés**
certificate of deposit **el depósito a plazo**
mortgage **la hipoteca**
deposit slip **el formulario de depósito**
withdrawal slip **el formulario de retiro**
check **el cheque**
checkbook **el talonario (de cheques), la chequera** (*Spanish America*)

checking account **la cuenta corriente**
traveler's check **el cheque de viajero(s)**
fee **los derechos**
bankbook (passbook) **la libreta de banco**
savings account **la cuenta de ahorros**
safe, vault **la caja fuerte**
safety deposit box **la caja de seguridad**
bill (*money due*) **la cuenta**
bill (*banknote*) **el billete**
wallet **la billetera, la cartera**
purse **el bolso**
customer **el, la cliente**
guard **el, la guardia**
share of stock **la acción de bolsa**
stock market **la bolsa**
branch office **la sucursal**
electronic transfer **la transferencia electrónica**
mutual funds **los fondos de inversión**
funds **los fondos**
error **el error**
machine **la máquina**
percent **el por ciento**
writing table **la mesa, el escritorio**
time (*occasion*) **la vez, la ocasión**

# 31 El banco

## Análisis de la foto

1. ¿Qué es la máquina que aparece en la foto? ¿Para qué sirve?
2. ¿Por qué tiene una pantalla?
3. ¿Qué indicaciones aparecen en la pantalla?
4. ¿Para qué sirven las teclas que hay junto a la pantalla?
5. ¿Qué se necesita para poder sacar dinero de un cajero automático?
6. ¿Qué es una clave de identificación?
7. ¿Qué suele ocurrir cuando usas un cajero automático de un banco en el que no eres cliente?

## Puntos de partida

8. ¿Cuáles son las ventajas de usar un cajero automático?
9. ¿Cuáles son las desventajas?
10. ¿Qué es una cuenta corriente?
11. ¿Cuál es la diferencia entre una cuenta corriente y una cuenta de ahorros?
12. ¿Qué quiere decir "dinero en efectivo"?
13. ¿Cómo se puede depositar dinero en un banco?
14. ¿Cómo se puede sacar dinero cuando el cajero automático no funciona?
15. ¿Qué es una transferencia electrónica?
16. ¿De qué maneras se puede cobrar un cheque?
17. ¿Qué es una sucursal bancaria?
18. ¿Cuál es el típico horario de un banco?
19. ¿Para qué se pueden usar los cheques personales?
20. ¿Cuándo fue la última vez que visitaste un banco y para qué?

## Temas para conversación

1. Los servicios de un banco.
2. Cómo funciona la cuenta corriente.
3. La mejor manera de invertir tu dinero.

## Imaginar y presentar   *Enact the described situation in Spanish.*

A bank customer tries to withdraw $100 in cash from the automatic teller, but the information on the screen indicates that neither his/her checking nor savings account has sufficient funds for the withdrawal. The customer is sure that there is at least that much in both accounts, and believes this must be a computer error. He/She goes to the teller's window to explain what happened and to try to correct the situation.

to go, walk **andar**
to continue **seguir (i, i)**
to cross **cruzar**
to turn **torcer (ue), doblar**
to stop **pararse**
to push **empujar**
to collide (with) **chocar (con)**
to obey **obedecer**
to protect **proteger**
to jog **trotar, hacer footing**
to think about **pensar (ie) en**
to wear; to carry **llevar**
to live **vivir**
to tell, relate **contar (ue)**
to sit down **sentarse (ie)**
to feed **dar de comer (a)**
to try (to) **tratar (de)**
to swerve **desviarse**
to avoid **evitar**
to hit something with a car
    **atropellar**
to raise the flag **izar la bandera**
to stroll **pasear**

red **rojo**
yellow **amarillo**
green **verde**
black **negro**
white **blanco**

straight ahead **todo derecho**
legal **legal**
illegal **ilegal**
both **ambos**

main square, town square **la plaza
    mayor**
small square, little park **la
    plazoleta**
downtown **el centro**
city **la ciudad**
town **el pueblo**
street **la calle**
main street **la calle principal**
street intersection **el cruce**
sidewalk **la acera**
block (*of buildings or houses*) **la
    manzana** (*Spain*), **la cuadra**
    (*Spanish America*)
traffic light **el semáforo, el disco**
pedestrian **el peatón, la peatona**
vehicle **el vehículo**
automobile, car **el coche** (*Spain,
    Mexico*), **el carro** (*Spanish
    America*), **el automóvil**
    (*general*)
bicycle **la bicicleta**
motorcycle **la motocicleta**

motor **el motor**
police officer **el, la policía**
traffic accident **el accidente de
    tráfico, el accidente de
    tránsito**
fine (*penalty*) **la multa**
fault **la culpa**
helmet **el casco**
jogger **el trotador, la trotadora**
baby carriage **el coche cuna**
newspaper **el periódico**
store **la tienda**
theater **el teatro**
church **la iglesia**
awning **el toldo**
bench **el banco**
fountain **la fuente**
tree **el árbol**
flower **la flor**
grass **el césped**
gutter **la cuneta, la alcantarilla**
flag **la bandera**
parade **la parada, el desfile**
shopping center **el centro
    comercial**
outdoor café **la terraza al aire
    libre**
tourist **el, la turista**

# 32  La plaza mayor

## Análisis de las fotos

1. ¿Cuáles son los colores de la bandera de México que se ve en la plaza?
2. ¿Cuál puede ser la razón por la que hay una bandera en el centro de la Plaza del Zócalo de la Ciudad de México?
3. ¿Qué se puede ver debajo de la bandera?
4. ¿Qué está haciendo la gente en la plaza?
5. ¿Qué tipo de edificios forman la Plaza del Zócalo de la Ciudad de México?
6. ¿En qué se diferencian estos edificios de los de la Plaza Mayor de Madrid (en la otra foto)?
7. ¿Qué cosas hay en la Plaza Mayor de Madrid que no se ven en la Plaza del Zócalo de México?
8. ¿En qué otros aspectos se diferencian ambas plazas?
9. ¿En qué son similares?
10. ¿Cuál piensas que es la función de una plaza mayor?
11. ¿Hay plazas mayores en las ciudades de los Estados Unidos? ¿Por qué sí o no?

## Puntos de partida

12. ¿Qué es un peatón?
13. ¿Qué es un semáforo? ¿Qué significan los tres colores?
14. ¿Por qué debe uno obedecer los semáforos?
15. ¿Qué cosas se pueden encontrar en una plaza?
16. ¿Qué se puede encontrar en la calle principal de una ciudad pequeña de los Estados Unidos?
17. ¿Es peligroso pasear por una plaza mayor? ¿Por qué?
18. ¿Cuándo hay desfiles en tu ciudad? ¿Has participado en un desfile alguna vez?
19. ¿Por qué crees que el centro comercial ha sustituido a la calle principal como espacio comercial?
20. ¿Cuál es la diferencia entre un centro comercial y una calle o plaza mayor?

## Temas para conversación

1. La calle o plaza mayor de donde vivo.
2. Los comercios del centro comercial.
3. Lo que me contó el policía.

## Imaginar y presentar    *Enact the described situation in Spanish.*

Two tourists are walking down the street of a large and bustling city. Suddenly they witness a traffic accident when a car fails to stop at an intersection. As it swerves to avoid hitting a pedestrian, it collides with another car. A police officer soon arrives on the scene, and asks the tourists to describe what they saw.

to catch fire **incendiarse**
to burn (up, down) **arder, quemar(se)**
to start a fire **encender (ie)**
to put out a fire **apagar**
to asphyxiate **asfixiar**
to rescue **salvar, rescatar**
to destroy **destruir**
to run a risk **correr riesgo**
to fall (down) **caer(se)**
to notify, summon **avisar**
to connect **conectar**
to protect **proteger**
to shout **gritar**
to escape **escapar(se)**
to take, transport **llevar**
to get, obtain **conseguir (i, i)**
to happen, occur **producirse**

fireproof **incombustible**
Help! **¡Socorro!**
in case of **en caso de**
soon **pronto**

fire **el fuego, el incendio**
firefighter **el bombero, la bombera**
fire department **el servicio de bomberos**
firehouse **el cuartel de bomberos**
fire engine **el coche de bomberos, el coche bomba**
arsonist, firebug **el incendiario, la incendiaria**
fire alarm box **la caja de fuego**
fire drill **el ejercicio para caso de incendio**
fire extinguisher **el extintor**
fire hydrant **la boca de incendio**
alarm **la alarma**
(emergency) exit **la salida (de emergencia)**
smoke **el humo**
hose **la manguera**
ladder, stairway **la escalera**
siren **la sirena**
ambulance **la ambulancia**

hospital **el hospital**
victim **la víctima**
danger **el peligro**
risk **el riesgo**
helmet **el casco**
coat **la chaqueta**
equipment **el equipo**
team **el equipo**
building **el edificio**
wall **el muro**
roof **el techo**
door **la puerta**
water **el agua** *f.*
telephone **el teléfono**
disaster **el desastre**
smoke detector **el detector de incendios**
beginning **el principio**
end **el final**
highway **la autopista**
traffic accident **el accidente de tráfico**

# 33 ¡Fuego!

## Análisis de la foto

1. ¿Qué está ardiendo en la foto?
2. ¿Crees que los bomberos han llegado a tiempo? ¿Por qué?
3. ¿Es el principio o el final del incendio?
4. ¿Qué hay en la parte derecha de la fotografía?
5. ¿Dónde piensas que está el coche de bomberos?
6. ¿Piensas que ha habido alguna víctima? Explica por qué dice eso.
7. ¿Qué está usando el bombero para apagar el fuego?
8. ¿Por qué crees que se ha producido el incendio?

## Puntos de partida

9. ¿Cómo se puede apagar un incendio pequeño?
10. ¿Cómo se puede avisar a los bomberos en caso de incendio?
11. ¿Suelen llegar pronto cuando se les avisa? ¿Cómo lo consiguen?
12. ¿Qué es una manguera?
13. ¿Cuál es la diferencia entre una manguera y un extintor?
14. ¿Cuándo se usa una manguera y cuándo un extintor para apagar un fuego?
15. ¿Para qué usan los bomberos una escalera?
16. ¿Te gustaría ser un bombero voluntario? ¿Por qué sí o no?
17. ¿Llamarías a los bomberos para que bajaran a un gato de un árbol? ¿Por qué sí o no?
18. ¿Qué suelen hacer los bomberos cuando hay un accidente de tráfico en la autopista?
19. ¿Cuáles son los riesgos mayores de un bombero?
20. En caso de incendiarse el edificio donde estás ahora, ¿qué harías para escapar?

## Temas para conversación

1. El incendio que vi (en realidad o en la televisión).
2. Los distintos servicios que pueden prestar los bomberos.
3. ¿Por qué muchos niños quieren ser bomberos cuando sean grandes?

## Imaginar y presentar    *Enact the described situation in Spanish.*

A firefighter is speaking before a group of students. He/She describes to them the actions of the local firefighting team during a recent fire at a large building in town. The students ask many questions about this disaster, and about the life of a firefighter.

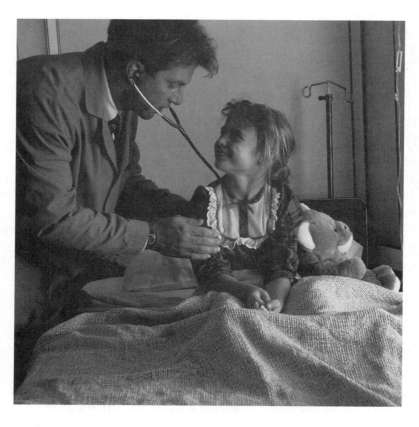

to operate **intervenir (ie, i), operar**
to stay **permanecer**
to calm, reassure **tranquilizar**
to encourage, cheer up **animar**
to begin **iniciar**
to lose **perder (ie)**
to feel sick (well) **sentirse (ie, i) mal (bien)**
to get sick **enfermarse, ponerse enfermo**
to treat (*an illness*) **tratar, curar**
to examine **examinar**
to take (one's) pulse **tomar el pulso**
to take (one's) temperature **tomar la temperatura**
to bandage **vendar**
to suffer **sufrir**
to live **vivir**
to die **morir (ue, u)**
to wear, carry **llevar**
to listen (to) **escuchar**

sick **enfermo**
healthy **sano**
grave, serious **grave**
expensive **caro**
several **varios**

hospital **el hospital**

infirmary **la enfermería**
doctor (*physician*) **el médico, la médica**
nurse **el enfermero, la enfermera**
paramedic **el paramédico, la paramédica**
team **el equipo**
first aid **los primeros auxilios**
patient **el, la paciente**
emergency room **la sala de emergencia**
operating room **la sala de operaciones, el quirófano**
surgeon **el cirujano, la cirujana**
surgery **la cirujía**
private room **el cuarto individual**
semiprivate room **el cuarto semiprivado**
ward **la sala de los enfermos**
medicine **la medicina**
sickness, disease **la enfermedad**
injury, wound **la herida**
bandage **la venda**
inoculation **la inoculación**
cost **el costo**
health care **la atención médica, la atención sanitaria**
vaccine **la vacuna**
contagion **el contagio**

visiting hours **las horas de visita**
visitor **la visita; el, la visitante**
smallpox **la viruela**
heart **el corazón**
heartbeat **el latido del corazón**
heart attack **el ataque cardíaco**
blood **la sangre**
stethoscope **el estetoscopio**
thermometer **el termómetro**
chart **el diagrama**
blood pressure **la presión sanguínea**
pill **la pastilla, la píldora**
X-ray **la radiografía, el rayo X**
wristwatch **el reloj (de) pulsera**
sheet **la sábana**
bed **la cama**
night table **la mesa de noche, la mesilla de noche**
tray **la bandeja**
flower **la flor**
head **la cabeza**
arm **el brazo**
wrist **la muñeca**
smock, white gown **la bata**
chair **la silla**
teddy bear **el osito de peluche**
rehearsal **el ensayo**

# 34  El hospital

## Análisis de la foto

1. ¿Quiénes son las personas en la foto?
2. ¿Crees que la niña está en la sala de emergencia? ¿Por qué sí o no?
3. ¿Crees que el hombre es un médico o un enfermero? ¿Por qué?
4. ¿Cómo va vestido el hombre?
5. ¿Qué aparato está usando el hombre? ¿Para qué sirve?
6. ¿Crees que la niña tiene una enfermedad muy grave? ¿Por qué sí o no?
7. ¿Para qué servirá el instrumento que está al lado de su cama?
8. ¿La niña tiene un cuarto individual o semi-privado?
9. ¿Por qué tiene la niña un osito de peluche en la cama?

## Puntos de partida

10. ¿Qué es un médico?
11. ¿Cuál es la diferencia entre un médico y un enfermero?
12. ¿Qué es una sala de emergencias?
13. ¿Cuándo se debe de ir a la sala de emergencias de un hospital y cuándo no?
14. ¿Cuándo tiene que intervenir un cirujano?
15. ¿Qué es un quirófano?
16. ¿Qué se suele hacer antes de iniciar una operación?
17. ¿Para qué sirven las vacunas?
18. ¿Para qué se usan las radiografías?
19. ¿Qué significa la frase "horas de visita"?
20. ¿Por qué resulta tan caro permanecer en el hospital varios días?

## Temas para conversación

1. La visita al hospital.
2. El costo de la atención médica.
3. La enfermería de nuestra escuela o de nuestra universidad.

## Imaginar y presentar    *Enact the described situation in Spanish.*

A group of actors is rehearsing for a television show about a busy emergency room. The teams of paramedics bring in a patient who has suffered a heart attack, and another with a serious head wound who has lost a lot of blood. The doctors work frantically to try to save their lives. All along, the director is calling out directions to position the actors and cue their lines.

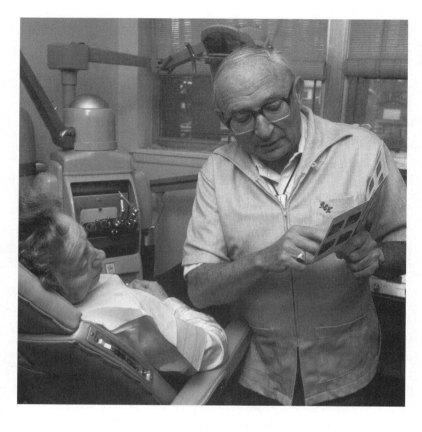

to examine **examinar**
to treat **tratar**
to clean, brush **limpiar**
to find **localizar**
to remove **quitar**
to drill **perforar**
to fill (*a cavity*) **obturar**
to extract **extraer**
to straighten **enderezar**
to inject **inyectar**
to hurt **doler (ue)**
to break **romper**
to inflict **infligir**
to be afraid **tener (ie) miedo**
to lie down **tumbarse**
to be laying down **estar tumbado**
to take good care of, conserve
    **conservar**
to charge **cargar**
to undergo **someterse a**
to complain **quejarse**
to console **consolar (ue)**

comfortable **cómodo**
reasonable **razonable**
several **varios**

painful **doloroso**
acute **fuerte, intenso**

dentist **el, la dentista; el, la
    odontólogo**
dentistry **la odontología**
dentist's or doctor's office **la
    clínica**
office hours **las horas de consulta**
visit, consultation **la visita, la
    consulta**
waiting room **la sala de espera**
technician **el técnico, la técnica**
hygienist **el, la higienista
    dental**
dentist's chair **el sillón de
    dentista**
patient **el, la paciente**
mouth **la boca**
gum **la encía**
tooth **el diente**
(set of) teeth **la dentadura**
wisdom tooth **la muela del juicio**
toothache **el dolor de muelas**
denture, false teeth **la dentadura
    postiza**

cavity (*rotted part of the tooth*) **la
    picadura, la carie**
cavity (*hole in tooth after drilling
    and before filling*) **la cavidad**
crown **la corona**
bridge **el puente**
implant **el implante**
root canal **la endodoncia**
oral surgery **la cirujía oral**
oral surgeon **el cirujano oral, la
    cirujana oral**
brace **la armadura**
sickness, disease **la enfermedad**
pain **el dolor**
local anesthetic **la anestesia local**
X-ray **la radiografía, el rayo X**
toothbrush **el cepillo**
toothpaste **la pasta de dientes, la
    pasta dentífrica**
dental floss **el hilo dental, la
    seda dental**
paper cup **la taza de papel**
water **el agua** *f.*
arm **el brazo**
armrest **el apoyabrazos**

# 35 El dentista

## Análisis de la foto

1. ¿Quiénes son las dos personas de la foto?
2. ¿Qué puede estar mostrándole el dentista a la paciente?
3. ¿Dónde está la paciente? ¿Por qué está en la silla?
4. ¿Dónde tiene sus brazos la paciente?
5. ¿Crees que está cómoda? ¿Por qué sí o no?
6. ¿Qué es lo que está ocurriendo en la sala de espera que no podemos ver?

## Puntos de partida

7. ¿Qué haces para cuidar tu dentadura?
8. ¿Tienes miedo de ir al dentista? ¿Por qué sí o no?
9. ¿Qué es una endodoncia?
10. ¿Por qué se producen las caries?
11. ¿Por qué necesita el dentista una radiografía de tus dientes?
12. ¿Qué es una dentadura postiza?
13. ¿Tienes alguna corona en tu boca? ¿Cuándo recomienda el dentista implantar una corona?
14. ¿Para qué sirve el hilo dental?
15. ¿Qué es la anestesia? ¿Por qué es necesaria a veces?
16. ¿Cuál es la diferencia entre un dentista y un cirujano oral?
17. ¿Qué es un implante?
18. ¿Encuentras razonable el precio que carga tu dentista? ¿Por qué sí o no?
19. ¿Por qué (no) te gusta ir al dentista?
20. ¿Por qué (no) te gustaría ser un dentista?

## Temas para conversación

1. Cómo conservar tu dentadura.
2. La última visita a tu dentista.
3. Lo que pasó en la sala de espera.

## Imaginar y presentar   *Enact the described situation in Spanish.*

Four people are in the waiting room at a large dental office. They begin talking among themselves about the reason for their visit. One has a painful toothache, another has several cavities, the third is being fitted for dentures, and the fourth needs to have a wisdom tooth extracted. Each describes the procedure he or she will undergo, and tries to console the others by convincing them that their own situation is the worst.

to persuade **persuadir, convencer**
to sway **disuadir, conmover (ue)**
to speak, address oneself to **dirigirse a**
to give a speech **dar un discurso,
    pronunciar un discurso**
to debate **deliberar, debatir, discutir**
to preach **predicar**
to vote **votar**
to agree **estar de acuerdo**
to disagree **no estar de acuerdo**
to go on strike **declararse en huelga,
    ir a la huelga**
to be on strike **estar en huelga**
to assure **asegurar**
to listen (to) **escuchar**
to try (to) **tratar (de)**
to feel, sense **sentir (ie, i)**
to work **trabajar**
to carry **llevar**
to come to terms with **ponerse de
    acuerdo con**

democratic **democrático**
republican **republicano**
extemporaneous **improvisado**
above, up, upper **arriba**
both **los dos, ambos**
behind **detrás de**
main **principal**

persuasion **la persuasión**
vote **el voto**
suffrage **el derecho al voto**
voter **el, la votante**
voting booth **la cabina electoral**
voting machine **la máquina electoral**
candidate **el candidato, la candidata**
election **la elección**
curtain **la cortina**
privacy **el aislamiento**
police officer **el, la policía**
factory **la fábrica**
worker **el obrero, la obrera**
union (*of workers*) **el sindicato, el
    gremio**
sign **el letrero**
fence **el cerco, la cerca**
student **el, la estudiante**
student leader **el líder estudiantil**
speech **el discurso**
freedom of speech **la libertad de
    expresión**
debate **el debate**
demand **la demanda**
protest **la protesta**
demonstration **la manifestación**
strike **la huelga**
arbitration **la negociación**

speaker **el orador, la oradora**
platform (*raised flooring, political
    program*) **la plataforma**
applause **los aplausos**
microphone **el micrófono**
campus **la ciudad universitaria**
building **el edificio**
meeting **la reunión**
convention **el congreso**
congregation **la congregación**
politician **el político, la política**
judge **el, la juez**
lawyer, attorney **el, la abogado(a)**
courtroom **la sala del tribunal**
robe **la toga**
party (*political*) **el partido**
member **el miembro, el militante, la
    militante**
right (*privilege*) **el derecho**
rightness (*state of being right*) **la
    rectitud**
clergyman **el pastor, el clérigo**
pulpit **el púlpito**
sermon **el sermón**
hand **la mano**
similarity **la semejanza**
administrators **los administradores**
administration **la administración**

# 36 La política

## Análisis de la foto

1. Describe a las personas que aparecen en la foto.
2. ¿Qué están haciendo?
3. ¿Qué llevan en sus manos?
4. ¿De qué color es la bandera de los Estados Unidos?
5. ¿Cuál puede ser la razón por la que sólo hay mujeres?
6. ¿Por qué hay un policía detrás de las mujeres?
7. ¿Qué pueden estar protestando o pidiendo?

## Puntos de partida

8. ¿Qué es una huelga?
9. ¿Quiénes pueden declararse en huelga y por qué?
10. ¿Qué es un partido político?
11. ¿Cuáles son los principales partidos políticos en los Estados Unidos?
12. ¿Para qué se hacen las manifestaciones políticas?
13. ¿Eres miembro de algún partido político? ¿Por qué sí o no?
14. ¿A qué edad se puede votar en los Estados Unidos?
15. ¿Por qué un niño de siete años no tiene derecho al voto?
16. ¿Qué es un sindicato?
17. ¿Cuál es la misión de los sindicatos?
18. ¿Cuál es tu líder político favorito?
19. ¿Qué diferencia hay entre predicar y debatir o entre un sermón y un debate?
20. ¿Cuál es la semejanza entre un pastor, un político y un abogado? ¿Cuáles son algunas de las diferencias entre ellos?

## Temas para conversación

1. La libertad de expresión.
2. La política.
3. La honestidad de los políticos.

## Imaginar y presentar    *Enact the described situation in Spanish.*

The teachers will go on strike tomorrow unless they and the administration can come to terms. Two representatives from the teachers' union have a final meeting with two top school administrators. The teachers present their demands, the administrators state their position relative to these demands, and the final arbitration session begins.

to advertise **anunciar, hacer publicidad**
to offer **ofrecer**
to be worthwhile, "pay" **valer la pena**
to place **colocar**
to try (to) **tratar (de)**
to look for, seek **buscar**
to have to do with **tratarse de**

effective **eficaz**
brief **breve**
current, common, well known **corriente**
full-page **a página entera**
by means of **mediante**
according to, in agreement with **de acuerdo con**
something **algo**
everybody **todo el mundo**
-self **mismo** (*when placed after the noun or pronoun*)
near **próximo a**

salesmanship **el arte de vender**
salesman, saleswoman **el vendedor, la vendedora**
sale **la venta**

sales, selling **las ventas**
company **la empresa**
shopping center **el centro comercial**
advertising **la publicidad, la propaganda**
propaganda **la propaganda**
advertisement, sign **el anuncio**
classified ad **el anuncio por palabras** (*Spain*), **el aviso limitado, el anuncio clasificado** (*parts of Spanish America*)
slogan **el lema (comercial), el eslogan**
radio announcer **el locutor, la locutora de radio**
script **el guión**
clock **el reloj**
(clock) time **la hora**
television announcer, anchorperson **el locutor, la locutora de televisión**
television set **el televisor**
screen **la pantalla**
commercial **el anuncio comercial**
automobile, car **el coche** (*Spain, Mexico*), **el carro** (*Spanish*

*America*), **el automóvil** (*general*)
highway **la carretera**
billboard (*structure*) **la cartelera**, (*poster on structure*) **el cartel**
real estate agent **el corredor, la corredora de bienes raíces**
key **la llave**
married couple **el matrimonio**
percentage **el porcentaje**
newspaper **el periódico**
magazine **la revista**
employment **el empleo**
success **el éxito**
patience **la paciencia**
furniture **los muebles**
stuff **los trastos** (*colloquial*)
escalator **la escalera mecánica**
design **el diseño**
confidence **la confianza**
initiative **la iniciativa**
listener **el, la oyente**
Internet **el internet, la red internet**
trait **la cualidad**
type, kind **la clase**

# 37   Comprar y vender

## Análisis de las fotos

1. ¿En qué foto aparece el interior de un centro comercial?
2. ¿Qué cosas de las que aparecen en la foto te hacen pensar que se trata de un centro comercial?
3. ¿Qué tipo de comercios no suelen encontrarse en los centros comerciales?
4. ¿De qué país crees que es ese centro comercial? ¿Por qué?
5. ¿Qué se puede hacer en un centro comercial?
6. ¿Qué se vende en la tienda de la foto? ¿Por qué?
7. Explica lo que significa el nombre de la tienda. ¿Por qué tendrá este nombre?
8. ¿Está la tienda en un centro comercial o en una calle? ¿Cómo lo sabes?
9. ¿Qué tipo de personas van a comprar a esa tienda?
10. ¿Qué tipo de muebles se venden?

## Puntos de partida

11. ¿Cuáles son las ventajas de comprar en un centro comercial?
12. ¿Cuáles son tus tiendas favoritas en el centro comercial próximo a donde vives? ¿Por qué te gustan estas tiendas?
13. ¿Cuáles son los productos más caros en ese centro comercial?
14. ¿Qué clase de productos se anuncian con más frecuencia en la televisión?
15. ¿Qué opinas de la compra por correo?
16. ¿Usas el internet para comprar? ¿Por qué sí o no?
17. ¿Cuáles son las ventajas de comprar por correo o en el internet?
18. ¿Cuáles son las desventajas?
19. Menciona algunas de las cualidades necesarias para ser un buen vendedor o una buena vendedora.
20. Trata de vender algo a la persona que tienes más próxima.

## Temas para conversación

1. El centro comercial de tu ciudad.
2. Inventa un anuncio comercial de dos minutos para la televisión.
3. Lo que se puede comprar y vender y lo que no se puede en la red internet.

## Imaginar y presentar   *Enact the described situation in Spanish.*

In groups of three or four, choose a product or a service, create a television commercial for it, and present the commercial to the rest of the class. After all the commercials have been presented, the class can vote on which commercial was the most effective and which was the most amusing.

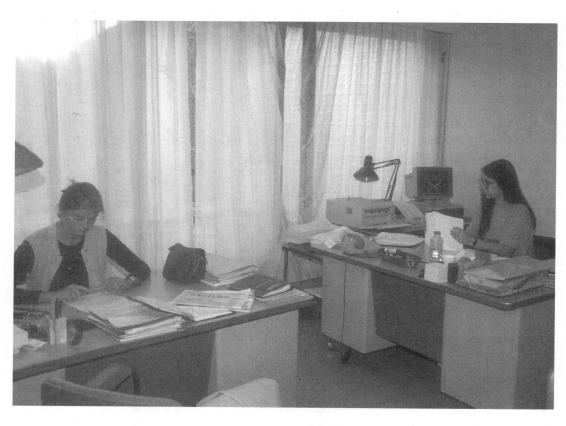

to type **escribir a máquina**
to photocopy **fotocopiar**
to press **pulsar, apretar**
to appear **aparecer**
to go out **salir**
to file **archivar**
to store **almacenar**
to fill in (a form) **rellenar**
to be successful **tener éxito**

bilingual **bilingüe**
useful **útil**
busy **ocupado**
excited **animado**
among themselves **entre sí**

business office **la oficina comercial**
businessman, businesswoman **el hombre, la mujer de negocios**
executive **el ejecutivo, la ejecutiva**
boss **el jefe, la jefa**
salesman, saleswoman **el vendedor, la vendedora**
sales manager **el jefe, la jefa de ventas**
sale, sales, selling **la venta, las ventas**

salesmanship **el arte de vender**
company, firm **la empresa**
monopoly **el monopolio**
employee **el empleado, la empleada**
office work **el trabajo de oficina**
officer worker **el, la oficinista**
clerk **el, la escribiente**
file clerk **el archivero, la archivera**
secretary **el secretario, la secretaria**
computer programmer **el programador, la programadora de computadoras**
computer **computadora** (*Spanish America*), **el ordenador** (*Spain*)
screen **la pantalla**
computer science **la programación**
machine **la máquina**
typewriter **la máquina de escribir**
typist **el mecanógrafo, la mecanógrafa**
typing **la mecanografía**
file, folder **el archivo**
file, filing cabinet **el archivador, el fichero**

report **el informe**
photocopy **la fotocopia**
form (paper) **el formulario, el impreso**
spread sheet **la hoja de cálculo**
desk **la mesa, el escritorio**
drawer (*of a desk*) **el cajón**
wastebasket **la papelera**
button **el botón**
market **el mercado**
product **el producto**
customer **el, la cliente**
contract **el contrato**
invoice **la factura**
working hours **el horario**
language **el idioma**
custom **la costumbre**
foreign trade **el comercio exterior**
management, business administration **la administración**
free enterprise **la libertad de empresa**
gossip **el chisme, el cotilleo**
purse **la cartera, la bolsa** (*Mexico*), **el bolso** (*Spain*)

# 38 La oficina

## Análisis de la foto

1. ¿Qué hace la mujer de pelo largo?
2. ¿Dónde está sentada?
3. ¿Qué hay en la parte derecha de su escritorio?
4. ¿Dónde está la ventana?
5. Cuando se hace de noche, ¿cómo ilumina su escritorio?
6. Enumera las cosas que puedes ver encima de su escritorio.
7. ¿Qué hace la mujer que aparece en la parte izquierda de la foto?
8. ¿Dónde está su cartera?
9. ¿Qué cosas tiene encima de su escritorio?
10. ¿Cuál es la profesión de las dos mujeres? ¿Dónde están?

## Puntos de partida

11. ¿Para qué sirve un archivador?
12. ¿Cuál es la diferencia entre una secretaria y una mecanógrafa?
13. ¿Hay algún tipo de trabajo que sólo se puede hacer con una máquina de escribir y no con una computadora? ¿Cuál es?
14. ¿Cuál es el horario normal de una oficina?
15. ¿Para qué se pueden utilizar las hojas de cálculo?
16. ¿Cómo pueden comunicarse los empleados de una oficina entre sí?
17. ¿Qué es un cliente? ¿Qué es una factura?
18. ¿Qué es un contrato de trabajo?
19. ¿Qué es un monopolio?
20. ¿Qué es lo que significa la "libertad de empresa"?

## Temas para conversación

1. Cómo tener éxito como un hombre o una mujer de negocios.
2. El jefe perfecto o la jefa perfecta.
3. Las responsabilidades de un secretario o una secretaria.

## Imaginar y presentar    *Enact the described situation in Spanish.*

A small business firm which deals in office supplies is both busy and excited because they have a chance to land their biggest account ever. The executives meet with the sales managers to discuss how they will present their products to this new and important customer.

to attend **asistir a**
to last **durar**
to cost **costar (ue)**
to be accustomed to, **soler (ue)**
to wear or carry **llevar**
to wear **ponerse**
to dress **vestirse (i, i)**
How are they dressed? **¿Cómo van vestidos?**
to register **matricularse**
to pass **aprobar (ue)**
to fail **reprobar (ue), suspender**
to research **investigar**
to pay **pagar**
to chat **charlar**
to meet **conocer**
to be seated **estar sentado**
to assign **asignar**
to have just **acabar de**
to receive **recibir**
to complain **quejarse**
to solve **resolver (ue)**

university (used as adjective) **universitario**
on, on top of **encima de**
enough **suficiente**
expensive **caro**
student (used as adjective) **estudiantil**
hard **duro, difícil**
conscientious **aplicado**
excellent **sobresaliente**
passing **aprobado**
failing **reprobado, suspenso**
worried **preocupado**
happy **contento**

university campus **el campus universitario**

public university **la universidad pública**
private university **la universidad privada**
state university **la universidad estatal**
studies **los estudios**
graduate school **los estudios de post-graduado, de doctorado**
university student **el universitario, la universitaria**
student body **el alumnado**
freshman **el, la estudiante de primer año**
sophomore **el, la estudiante de segundo año**
junior **el, la estudiante de tercer año**
senior **el, la estudiante de cuarto año**
faculty **el profesorado**
full professor **el catedrático, la catedrática**
advisor, counselor **el consejero, la consejera**
dean **el decano, la decana**
university president **el rector, la rectora**
school within a university **la facultad**
classroom building **el edificio de las aulas**
library **la biblioteca**
student center **el centro para estudiantes**
dining hall **el comedor**
dormitory **la residencia de estudiantes, la residencia estudiantil**
admissions office **la oficina de matrícula**
expense **el gasto**

scholarship **la beca**
application form **el formulario de solicitud**
tuition **la matrícula**
transcript **el expediente académico**
procedure **el trámite**
course, subject **la asignatura**
semester **el semestre**
academic year **el año académico**
career, university major **la carrera**
requirement **el requisito**
credit **el crédito**
classroom **el aula**
lecture **la conferencia**
lecture or course notes **los apuntes**
homework **la tarea**
paper, written work **el trabajo**
report **el informe**
grade **la calificación, la nota**
auditor **el, la oyente**
age **la edad**
advice **el consejo**
doctorate **el doctorado**
study abroad **los estudios en el extranjero**
exchange **el intercambio**
backpack **la mochila**
problem **el problema**
head **la cabeza**
ear **la oreja**
earphones **los auriculares**
baseball cap **la gorra de béisbol**
T-shirt **la camiseta, la remera**
sweat shirt **la sudadera**
blue jeans **los bluyines, los pantalones vaqueros**
shorts **los pantalones cortos**
sneakers, tennis shoes **las zapatillas deportivas**

# 39 La universidad

## Análisis de las fotos

1. ¿Qué te hace pensar que las personas en las fotos son estudiantes universitarios?
2. ¿Cómo van vestidos los que aparecen en el grupo donde hay sólo chicos?
3. ¿Por qué a tantos estudiantes les gusta llevar gorras de béisbol.
4. ¿Qué tienen algunos de los chicos en sus orejas? ¿Por qué?
5. ¿Qué hace el grupo de amigos que están sentados?
6. ¿Qué cosas tienen encima de la mesa? ¿Dónde llevan los libros?
7. ¿Dónde pueden estar?

## Puntos de partida

8. ¿Qué edificios se encuentran en un campus universitario?
9. ¿A qué edad se suele entrar en la universidad?
10. ¿Cuántos años dura la universidad en los Estados Unidos?
11. ¿Cuáles son los gastos más importantes para un universitario o una universitaria?
12. ¿Cuánto cuesta la matrícula en una universidad en los Estados Unidos?
13. ¿Por qué resultan tan caros los estudios universitarios en los Estados Unidos?
14. Define las siguientes palabras: el profesorado, la facultad, el requisito.
15. Explica la diferencia entre un decano y un rector.
16. Describe los trámites necesarios para matricularse en una universidad.
17. ¿Cuáles son las diferencias entre una universidad pública y una universidad privada?
18. ¿Cuántas asignaturas suele tomar un estudiante universitario cada semestre? ¿y cuántos créditos?
19. ¿Qué cosas y servicios suele haber en un centro para estudiantes?
20. Si quieres ir a la universidad y no tienes suficiente dinero, ¿qué puedes hacer?

## Temas para conversación

1. La vida en la universidad.
2. Lo que el estudiante de cuarto año le contó al estudiante de primer año.
3. Ventajas y desventajas de ser un universitario o una universitaria.

## Imaginar y presentar    *Enact the described situation in Spanish.*

A group of students is chatting—or rather complaining—in the student union. One is worried about how much it costs to study in the university. Another is complaining about how hard the classes are and how much work the professors assign. A third wants to go to graduate school, and is finding the application procedures very time-consuming. Along comes a friend who is very happy because he/she just received a grade of "excellent" on an important paper. This student gives advice to everyone, presuming to solve all their problems.

to publish **publicar, editar**
to edit **redactar**
to compose **componer**
to correct **corregir (i, i)**
to type **escribir a máquina**
to telephone **llamar por teléfono, telefonear**
to find **encontrar (ue)**
to take place, happen **tener (ie) lugar, ocurrir**
to operate **manejar**

worldwide **mundial, internacional**
daily **diario**
today **hoy**
beside, next (to) **junto a**
basically **fundamentalmente**

editorial room, newspaper office **la oficina de redacción**
newspaper **el periódico**
reader **el lector, la lectora**
journalist **el, la periodista**
journalism **el periodismo**
editor **el redactor, la redactora**
editor-in-chief **el jefe, la jefa de redacción**
city editor **el redactor, la redactora de noticias locales**

reporter **el reportero, la reportera**
columnist **el, la cronista**
sports **los deportes**
sportswriter **el cronista deportivo, la cronista deportiva**
correspondent **el, la corresponsal**
publishing house **la editorial**
editorial **el editorial, el artículo de fondo**
story **el artículo**
news **las noticias**
newscast **el telediario, el noticiero**
news team **el equipo de redacción**
anchorman **el locutor**
anchorwoman **la locutora**
camera **la cámara**
soap opera **la telenovela**
news item, event **la noticia**
interview **la entrevista**
advertising **la publicidad**
criticism **la crítica**
headline **el titular**
press **la prensa**
front page **la primera plana**

proofreader **el corrector, la correctora de pruebas**
printer's error **la errata**
society page(s) **la vida social**
comics, comic strips **las tiras cómicas, los tebeos** (*Spain*)
magazine **la revista**
telephone **el teléfono**
typewriter **la máquina de escribir**
photograph **la fotografía, la foto**
boss **el jefe, la jefa**
desk **la mesa, el escritorio**
work **el trabajo**
home delivery **la entrega a domicilio**
newsstand **el quiosco (o kiosko) de prensa, el despacho de prensa**
newspaper-seller **el vendedor, la vendedora de periódicos**
gossip magazines **la prensa del corazón**
yellow press **la prensa sensacionalista**
headphones **los auriculares**
recording **la grabación**
recorder **la grabadora**
video **el video**

# 40 Los medios de comunicación

## Análisis de las fotos

1. ¿Cuál de las fotos muestra a un equipo de televisión trabajando?
2. ¿Qué pueden estar haciendo?
3. ¿Dónde están?
4. ¿Qué lleva el trabajador que aparece en la parte derecha de la foto? ¿Cuál piensas que es su función?
5. ¿Dónde está la cámara? ¿Quién la maneja?
6. ¿Qué hace la mujer mayor que aparece en el centro de la foto?
7. ¿Qué aparece en la otra foto?
8. ¿Qué se vende fundamentalmente en ese lugar?
9. ¿Qué otras cosas están a la venta?
10. ¿Hay muchos quioscos de prensa en tu ciudad? ¿La gente suele comprar el periódico en un quiosco o tiene entrega a domicilio?

## Puntos de partida

11. ¿Qué quiere decir "en primera plana"?
12. ¿Quiénes intervienen en la elaboración de un periódico?
13. ¿Cuál es la diferencia entre un diario deportivo y uno de información general?
14. ¿Qué es la prensa del corazón?
15. ¿Qué tipo de noticias aparece en la prensa sensacionalista?
16. ¿Qué son las tiras cómicas?
17. ¿Qué es una telenovela?
18. ¿En qué consiste el trabajo de un locutor o una locutora? Nombra un locutor y una locutora conocidos.
19. ¿Lees la prensa a diario? ¿Por qué sí o no?
20. Comenta la noticia más importante de los últimos días.

## Temas para conversación

1. Los límites de la libertad de prensa.
2. ¿Tienen los periodistas derecho a invadir la vida privada de los políticos y otras personas famosas?
3. Por qué (no) me gustaría ser locutor/a o reportero/a.

## Imaginar y presentar    *Enact the described situation in Spanish.*

In news teams of three or four, present television newscasts. Select who will be the anchor, the reporter(s), and the foreign correspondent(s) in each team. Newscasts can include items such as headlines; interviews; and local, national, and international news.

to perform, act, give a play **representar**
to play a role **desempeñar (hacer) un papel**
to applaud **aplaudir**
to raise, go up **subir**
to lower, come down **bajar**
to leave (*go away*) **irse**
to find **encontrar (ue)**
to find out about, learn of **enterarse de**
to tip **dar propina**
to (put in) place **colocar**
to be accustomed to **soler (ue)**
to sing **cantar**
to show a movie **poner una película, dar una película**
to be running (*for a play or movie*) **estar en cartelera**
to approve **autorizar**

inexpensive **barato**
something, somewhat **algo**
as usual **como siempre**

theater **el teatro**
the movies **el cine**

movie theater **la sala del cine**
movie billboard **la cartelera**
movie critic **el crítico de cine**
screen **la pantalla**
play **la obra teatral, la obra dramática, la pieza**
playwright **el dramaturgo, el autor dramático**
title **el título**
cast **el reparto**
actor **el actor**
actress **la actriz**
stage manager **el director, la directora de escena**
stagehand **el, la tramoyista**
opera **la ópera**
music **la música**
audience **el público, el auditorio**
applause **los aplausos**
seat **el asiento**
location (*as of a seat in the theater*) **la situación**
box seat **la butaca de palco**
balcony seat **la butaca de anfiteatro**
gallery **la galería**
aisle **el pasillo**

row **la fila**
usher **el acomodador, la acomodadora**
ticket **la entrada, el billete** (*Spain*) **el boleto** (*Spanish America*)
box office (ticket window) **la taquilla**
lobby **el vestíbulo**
intermission **el intermedio**
performance, show **la representación, la función**
first performance, opening night **el estreno**
stage **el escenario**
scenery **las decoraciones**
curtain (*of a stage*) **el telón**
dressing room **el camarín, el camerino**
act **el acto**
scene **la escena**
(emergency) exit **la salida (de urgencia)**
success **el éxito**
director **el director**
program **el programa**
kind, type, genre **el género**
failure **el fracaso**

# 41 El cine y el teatro

## Análisis de la foto

1. ¿Qué hacen las dos personas que aparecen en la parte derecha de la foto?
2. ¿Dónde están? ¿De qué hablan?
3. ¿Qué hacen las personas en la parte izquierda de la foto?
4. ¿Qué le dice el chico a la chica?
5. ¿Cuántas salas crees que tiene el cine?
6. ¿Dónde puede estar la taquilla?
7. ¿Qué necesitan para poder entrar a ver la película?

## Puntos de partida

8. ¿Cuáles son las principales diferencias entre el cine y el teatro?
9. ¿Por qué es más caro ver una obra de teatro que una película?
10. ¿Qué quiere decir "una película autorizada para todos los públicos"?
11. ¿Por qué no hay acomodador en los cines y sí lo hay en los teatros?
12. ¿Qué es la ópera?
13. ¿Cuál es la diferencia entre un drama y una comedia?
14. ¿En qué se diferencia una película musical de una de acción?
15. ¿Qué significa "estreno"?
16. ¿Cómo se entera un autor dramático de si el estreno de su obra ha sido un éxito o un fracaso?
17. ¿Qué es un intermedio?
18. ¿Por qué no se puede comer y beber en una obra de teatro, en una ópera, o en un concierto de música clásica?
19. ¿Cuándo se sube y cuándo se baja el telón?
20. Explica la diferencia entre una obra teatral y una ópera.

## Temas para conversación

1. Tus tres películas favoritas.
2. Prefiero ir al cine/prefiero ir al teatro.
3. Tus preferencias: películas de género sentimental, dramático, cómico o de ciencia ficción.

## Imaginar y presentar    *Enact the described situation in Spanish.*

Three friends are deciding what they will do on Saturday night. One suggests a new play that is supposed to be good, another thinks they should try the opera for a change, and the third wants to go to the movies, as usual. Each tries to persuade the others of his or her point of view.

to play (*music, a musical instrument*) **tocar**
to conduct **dirigir**
to sing **cantar**
to listen (to) **escuchar**
to make use of **servirse de (i, i)**
to take off, remove **quitar**
to meet, gather **reunir(se)**

lively, with animation **animado**
loud(ly), with power **fuerte**
by heart **de memoria**
while **mientras**

record store **la tienda de discos**
musical group **la banda, el grupo, el conjunto**
compact disc **el disco compacto**
singer **el, la cantante**
live music **la música en vivo**
sound **el sonido**
stereo **el aparato de estéreo**
earphones **los auriculares**
amplifier **el amplificador**
loudspeaker **el altavoz**
microphone **el micrófono**
speakers **los bafles, las columnas**
rock **el rock**
heavy metal **el rock duro**
jazz **el jazz**

salsa **la salsa**
folk **el folklore**
ballad **la balada**
electric guitar **la guitarra eléctrica**
keyboard **el teclado**
battery **la batería**
percussion **la percusión**
bass **el bajo**
maracas **las maracas**
symphony orchestra **la orquesta sinfónica**
opera **la ópera**
symphony **la sinfonía**
musician **el músico, la música**
conductor **el director, la directora**
composer **el compositor, la compositora**
composition, (musical) piece **la composición**
baton **la batuta**
audience **el público, el auditorio**
(music) stand **el atril**
note **la nota**
melody **la melodía**
harmony **la armonía**
rhythm **el ritmo**
motif, theme **el motivo**

piano **el piano**
wind instrument **el instrumento de viento**
flute **la flauta**
oboe **el oboe**
horn **el cuerno, el corno, la trompa**
trumpet **la trompeta**
trombone **el trombón**
clarinet **el clarinete**
tuba **la tuba**
stringed instrument **el instrumento de cuerda**
string, cord **la cuerda**
bow **el arco**
violin **el violín**
cello **el violoncelo**
viola **la viola**
double bass, string bass **el contrabajo**
harp **el arpa** *f.*
drum **el tambor**
voice **la voz**
shelf **la estantería**
wall **la pared**
ear **la oreja**
taste **el gusto**
good taste **el buen gusto**
bad taste **el mal gusto**

# 42 La música

## Análisis de las fotos

1. ¿Qué hacen las dos chicas que aparecen en una de las fotos?
2. ¿Qué tienen en las orejas? ¿Para qué sirven?
3. ¿Dónde crees que están?
4. ¿Qué se puede comprar en esta tienda? ¿Crees que los precios de los productos van a ser caros?
5. ¿Qué hay en las estanterías de las paredes?
6. ¿Qué hace el muchacho de la camisa en la parte izquierda de la foto?
7. ¿Qué instrumentos están tocando los hombres en la otra foto?
8. ¿Para quién tocan esos instrumentos?
9. ¿Qué clase de grupo musical crees que es? ¿Qué tipo de música crees que tocan?
10. ¿Dónde crees que están?
11. ¿En qué se diferencia este conjunto de una orquesta sinfónica?

## Puntos de partida

12. ¿Qué es un director de orquesta?
13. ¿Cuál es la diferencia entre una sinfonía y una balada?
14. ¿Qué es lo distintivo de la música folk?
15. ¿Cuál es la diferencia entre el rock y el pop?
16. ¿Qué quiere decir "música en vivo"?
17. ¿Cuál es, en tu opinión, el mejor grupo musical de todos los tiempos? ¿Por qué?
18. ¿Qué es un solista?
19. Comenta sobre tu tipo de música favorita.
20. ¿Prefieres la música de los sesenta o la actual? ¿Por qué?

## Temas para conversación

1. La música clásica o la popular.
2. La música en vivo o el disco compacto.
3. Tus experiencias en un concierto.

## Imaginar y presentar   *Enact the described situation in Spanish.*

Four friends are discussing their taste in music. One is a fan of hard rock, another loves latin music, the third prefers classical music, and the fourth adores folk music. Each defends their musical preference.

to work **trabajar**

to be self-employed **trabajar por su propia cuenta**

to earn **ganar**

to employ **emplear**

to discharge, "fire" **despedir (i, i)**

to repair **reparar, remendar (ie)**

to saw **serrar (ie), aserrar (ie)**

to build **construir, edificar**

to sew **coser**

to paint **pintar**

to cut **cortar**

to carve **tajar**

to cook **cocinar, guisar**

to stir (*a liquid*) **remover (ue)**

to wear, have on **llevar**

to have in common **tener (ie) en común**

to consist of **consistir en**

to dress **vestirse (i, i)**

How are they dressed? **¿Cómo van vestidos?**

on, on top of **encima de**

preferred **preferido**

paid **remunerado**

trade, craft, job **el oficio**

work, job **el trabajo**

worker, wage earner **el trabajador, la trabajadora; el obrero, la obrera**

employer **el, la que emplea; el patrón, la patrona**

employee **el empleado, la empleada**

working class **la clase obrera, la clase trabajadora, el proletariado**

wage(s) (*by the hour or day*) **el jornal, el salario**

salary, stipend **el sueldo, el estipendio**

minimum wage **el salario mínimo**

work day **la jornada de trabajo**

overtime **las horas extraordinarias**

"moonlighting" **el pluriempleo**

paint **la pintura**

painter **el pintor, la pintora**

paint brush **la brocha**

ladder **la escalera**

shoe **el zapato**

scaffolding **el andamio**

workshop, repair shop **el taller**

shoemaker **el zapatero, la zapatera**

plumber **el plomero, el fontanero**

pipes (plumbing) **la tubería, la cañería**

chef **el chef**

technician **el técnico, la técnica**

apprentice **el, la aprendiz**

carpenter **el carpintero, la carpintera**

tool **la herramienta**

saw **la sierra**

board (*piece of lumber*) **la tabla**

tailor **el sastre**

seamstress **la costurera**

sewing machine **la máquina de coser**

cloth, fabric **la tela**

needle **la aguja**

thread **el hilo**

meat **la carne**

butcher **el carnicero, la carnicera**

knife **el cuchillo**

cook **el cocinero, la cocinera**

food **el alimento, la comida**

ladle, dipper **el cazo**

pot **el caldero, la olla**

apron **el delantal, el mandil**

hand **la mano**

counter **el mostrador**

shelf **la estantería**

jacket **la chaqueta**

stability **la estabilidad**

# 43 Las ocupaciones

## Análisis de las fotos

1. ¿Cuál es la ocupación de los dos hombres montado encima de un andamio?
2. ¿Cómo van vestidos?
3. ¿Es difícil el trabajo que están haciendo? ¿Por qué?
4. ¿Qué servicio ofrece la tienda-taller que aparece en la foto?
5. ¿Qué hay encima del mostrador?
6. ¿En qué consiste la ocupación de zapatero?
7. Describe el taller de reparación de calzado que aparece en la foto.
8. ¿Cuál crees que es la ocupación del chico chaqueta vestido de una en la foto? ¿Por qué?
9. ¿Dónde trabaja?
10. ¿Qué tiene en la mano y qué está haciendo con ello?
11. ¿Qué cosas hay en las estanterías?
12. ¿En qué consiste el trabajo de chef?
13. ¿Cuál de las tres ocupaciones representadas en las fotos sería tu preferida? ¿Por qué?

## Puntos de partida

14. Menciona una ventaja y una desventaja de trabajar por tu propia cuenta.
15. ¿Qué es un técnico de computadoras?
16. ¿En qué consiste el trabajo de un plomero?
17. ¿Cuál es la diferencia entre un salario y un jornal?
18. ¿Cuál es la jornada de trabajo normal en los Estados Unidos?
19. ¿Qué quiere decir "el salario mínimo"?
20. Explica qué es el pluriempleo.

## Temas para conversación

1. La ocupación mejor remunerada.
2. Trabajo independiente o para una compañía.
3. La importancia o no de la estabilidad en el trabajo.

## Imaginar y presentar    *Enact the described situation in Spanish.*

A young person who wants to study a trade as an apprentice meets with several tradespeople—for instance, a carpenter, a tailor, and a cook—who are interested in hiring an apprentice. They each describe what their craft involves, and the prospective apprentice asks questions about the advantages and disadvantages of each trade.

to collect **coleccionar**
to keep, preserve **guardar**
to identify **identificar**
to magnify **magnificar**
to revolve (about) **dar vueltas (alrededor de)**
to rotate (on, upon) **girar (sobre)**
to fall **caer**
to train **entrenar**
to paint **pintar**
to engage in (a sport, pastime) **practicar**
to play (a game or a sport) **jugar (ue)**
to cultivate **cultivar**
to plant **plantar**
to seed **sembrar (ie)**
to grow **crecer**

current, in use **corriente**
something **algo**
everybody **todo el mundo**
old, elderly **anciano**
amateur **aficionado**
domestic **doméstico**
fun **divertido**
educational **educacional**

leisure time **el ocio**
pastime, hobby **el pasatiempo, el hobby, la afición**
painting **la pintura**
colors **los colores**
canvas **el lienzo**

brush **el pincel**
easel **el caballete**
oil painting **el óleo**
watercolor **la acuarela**
game **el juego**
chess **el ajedrez**
checkmate **el jaquemate**
playing board **el tablero**
pawn **el peón**
king **el rey**
queen **la reina**
pet **la mascota**
bird **el pájaro**
parrot **el loro**
cage **la jaula**
shoulder **el hombro**
hand **la mano**
cloth **el paño**
garden **el jardín**
gardening **la jardinería**
nature **la naturaleza**
flower **la flor**
plant **la planta**
park **el parque**
sports **los deportes**
crossword puzzle **el crucigrama**
collector **el, la coleccionista**
numismatics, coin collecting **la numismática**
philately, stamp collecting **la filatelia**
coin **la moneda**
stamp **el sello** (*Spain*), **la estampilla, el timbre**

magnifying glass **la lupa**
astronomy **la astronomía**
astronomer **el astrónomo, la astrónoma**
telescope **el telescopio**
sky, heavens **el cielo**
earth **la tierra**
moon **la luna**
sun **el sol**
star **la estrella**
planet **el planeta** (*Mercurio, Venus, la Tierra, Marte, Júpiter, Saturno, Urano, Neptuno, Pluto*)
solar system **el sistema solar**
constellation **la constelación**
cloud **la nube**
shadow **la sombra**
cat **el gato**
dog **el perro**
water **el agua** *f.*
fish **el pez**
tank (*for fish*) **la pecera, el tanque, el acuario**
thermometer **el termómetro**
temperature **la temperatura**
oxygen **el oxígeno**
bubble **la burbuja**
aerator **el aireador**
country (*nation*) **el país**
pleasure **el placer**
sharp mind **la mente activa**

# 44 El ocio

## Análisis de las fotos

1. ¿Cuál es el pasatiempo del chico y la chica de la foto?
2. ¿Dónde crees que están?
3. ¿Qué usan para pintar?
4. ¿Qué están pintando?
5. ¿Cuál es el pasatiempo del hombre que está sentado en el parque?
6. ¿Por qué está jugando al ajedrez en un parque?
7. ¿Por qué no está hablando con su compañero?
8. ¿En qué consiste el juego del ajedrez?
9. ¿Cuál es el pasatiempo de la mujer que aparece en la foto?
10. ¿Por qué tiene un paño sobre su hombro izquierdo?
11. ¿Qué tiene en su mano derecha?
12. ¿Es difícil o fácil tener pájaros como mascotas? ¿Por qué?

## Puntos de partida

13. Explica la diferencia entre la numismática y la filatelia.
14. ¿Cuál crees que es el pasatiempo favorito de los norteamericanos?
15. ¿Son los deportes un pasatiempo? ¿Por qué sí o no?
16. ¿Has coleccionado alguna vez algo? ¿Qué has coleccionado o qué te gustaría coleccionar?
17. ¿En qué consiste el pasatiempo de la astronomía? ¿Qué se necesita para observar las estrellas?
18. ¿Cuál es la diferencia entre una estrella y un planeta?
19. ¿Tienes una mascota? ¿Por qué sí o por qué no?
20. ¿Qué se necesita para formar un acuario doméstico?

## Temas para conversación

1. Mi pasatiempo.
2. Los animales domésticos como pasatiempo.
3. Pasatiempos que nunca practicaré.

## Imaginar y presentar    *Enact the described situation in Spanish.*

Four people are discussing their favorite pastime, each defending their own as the best. One explains that stamp collecting is fun and educational; another says that nothing is as rewarding as caring for and training animals. The third insists that games of skill such as chess and crossword puzzles are fantastic for keeping the mind sharp, and the last describes the satisfaction obtained from working in the garden and being close to nature.

to build **construir**
to assemble, put together **armar**
to repair, mend **reparar**
to hammer **martillar**
to nail **clavar**
to saw **serrar (ie)**
to screw **atornillar**
to chop **hachar**
to hold **agarrar**
to fasten, tighten **sujetar**
to hang **colgar (ue)**
to drill (*a hole*) **perforar**
to cut **cortar**
to contain **contener (ie)**
to appear **aparecer**
to hire, contract **contratar**
to charge **cobrar**
to fix **arreglar**
to tape record **grabar**
to feature **presentar**
to paint **pintar**

useful **útil**
finally, as the last step **en último término**
different **distinto**
similar **semejante**
easy **fácil**
safe **seguro**
convenient, well-advised **conveniente**

basic **básico**

handyman, "do-it-yourself" enthusiast **el, la hacelotodo**
hobby **el pasatiempo, el hobby, la afición**
repair **el arreglo**
carpentry **la carpintería**
masonry **la albañilería**
plumbing **la plomería, la fontanería**
electricity **la electricidad**
hardware **la ferretería**
stairs, stairway **las escaleras**
step (on a stairway) **el peldaño**
railing **la barandilla**
door **la puerta**
spatula, scraper **la espátula**
cement **el cemento**
painting **la pintura**
floor tiles **las baldosas**
plaster **el yeso**
bucket **el cubo**
workbench **el banco de taller**
structure, frame **el edificio**
tool **la herramienta**
drill **el taladro**
vise **el tornillo de banco**
screw **el tornillo**
hammer **el martillo**
saw **la sierra**

screwdriver **el destornillador**
nail **el clavo**
plane **el cepillo**
monkey wrench **la llave inglesa**
pliers **las tenazas, las pinzas**
wire **el alambre**
level **el nivel**
brace **el berbiquí**
bit **la barrena**
crowbar **la palanca**
sandpaper **el papel de lija**
T square **la regla T**
oilcan **la aceitera**
jar **el frasco**
wood **la madera**
hardwood **la madera dura**
softwood **la madera blanda**
oak **el roble**
pine **el pino**
shaving (*of wood*) **la viruta**
cabinet **el armario, el gabinete**
glue **la cola**
size **el tamaño**
piece **el pedazo**
hole **el agujero**
use **el uso**
head **la cabeza**
quantity **la cantidad**
married couple **la pareja, el matrimonio**
cap **la gorra**

# 45 El hacelotodo

## Análisis de la foto

1. ¿Qué herramientas están usando los hacelotodos de la foto?
2. ¿Qué están reparando?
3. ¿Qué puede haber en los cubos que están sobre los peldaños?
4. ¿Qué parte de la escalera arregla el hacelotodo que lleva una gorra en la cabeza?
5. ¿Qué parte está arreglando el otro hacelotodo?
6. ¿Es un trabajo difícil? ¿Por qué?
7. ¿Qué tipo de trabajo están realizando, de albañilería, carpintería o plomería? ¿Cómo lo sabes?
8. ¿Cuánto crees que van a cobrar por el trabajo? ¿Por qué esa cantidad?

## Puntos de partida

9. ¿Qué es un hacelotodo?
10. ¿Qué se necesita para ser un hacelotodo?
11. ¿Eres tú un/una hacelotodo? ¿Qué has arreglado?
12. ¿Qué es lo más fácil de reparar en una casa? ¿Por qué?
13. ¿Qué es lo más difícil? ¿Por qué?
14. ¿Cómo podemos encontrar un hacelotodo?
15. ¿Qué herramienta se usa para clavar?
16. ¿Qué es un tornillo?
17. Enumera los posibles usos de un destornillador.
18. ¿Qué es una ferretería?
19. Enumera algunas de las cosas más importantes que se pueden encontrar en una ferretería.
20. ¿Cuándo no es conveniente contratar a un hacelotodo?

## Temas para conversación

1. Pintar mi apartamento.
2. Distintas clases de herramientas y sus usos.
3. El uso seguro de las herramientas.

## Imaginar y presentar    *Enact the described situation in Spanish.*

Three people are taping a segment for a television show about fixing old houses. This episode features a young couple who has just bought a "fixer-upper". Although they don't know a lot about repair techniques, they are eager to learn. The master handyman explains to them how to do some basic repairs, and then discusses with them which tools they will need to buy.

to cook **cocinar**
to hang **colgar (ue)**
to divide **dividir**
to share **compartir**
to list **hacer una lista**
to get married **casarse**
to manage the household **organizar el hogar**
to dress **vestirse (i, i)**
How is she dressed? **¿Cómo va vestida?**
to dislike **desagradarle a uno**
to make the bed **hacer la cama**
to clean **limpiar**
to wash **lavar**
to dry (off) **secarse**
to scrub **fregar (ie)**
to sweep **barrer**
to iron **planchar**
to put **poner**
to make the meal **preparar la comida**
to boil **hervir (ie, i)**
to fry **freír (i, i)**
to accomplish, perform **llevar a cabo**
to dissolve **disolver (ue)**
to protect **proteger**
to help **ayudar**
to be broken, not work **no funcionar**

by hand **a mano**
dirty **sucio**
clean **limpio**
tired **cansado**

at home **en casa**
in **dentro de**
then **entonces**
daily **a diario**
in the sun **al sol**
hanging **colgado**
demanding **exigente**

domestic chore or task **el quehacer doméstico, el mandado**
housework **los quehaceres domésticos**
home, household **el hogar, el espacio doméstico**
apartment **el apartamento**
homemaker, housewife **el ama (f.) de casa**
apron **el mandil, el delantal**
cleanliness **la limpieza**
order **el orden**
ironing **el planchado**
servant **el criado, la criada**
bed **la cama**
sheet **la sábana**
mattress **el colchón**
bedspread **la colcha, la cubrecama**
pillow **la almohada**
pillowcase **la funda**
blanket **la manta, la frazada**
rug **la alfombra**
vacuum cleaner **la aspiradora**
kitchen **la cocina**

dish **el plato**
dish rack **el escurreplatos**
pot **la olla**
saucepan **la cacerola**
frying pan **la sartén**
handle (*of a container*) **el asa** *f.; (of a broom, tool, etc.)* **el mango**
sink **el fregadero**
soap **el jabón**
detergent **el detergente**
water **el agua** *f.*
grease **la grasa**
automatic dishwasher **el lavaplatos automático, el lavavajillas**
garbage disposal **la moledora de basura**
glove **el guante**
floor **el suelo, el piso**
window **la ventana**
bucket **el balde, el cubo**
scrubbing brush **el cepillo de fregar**
broom **la escoba**
dustpan **el recogedor**
stool **la banqueta**
trash can, garbage can **el cubo para basuras**
sofa, couch **el sofá**
hand **la mano**
use **el uso**
married couple **la pareja, el matrimonio**
career **la carrera**
blouse **la blusa**

# 46 Los quehaceres domésticos

## Análisis de las fotos

1. ¿Cuáles de estos quehaceres se deben de llevar a cabo todos los días?
2. ¿Cuáles no es necesario hacerlos a diario?
3. ¿Por qué alguien ha colgado la ropa al sol?
4. ¿En qué consiste el quehacer relacionado con la ropa colgada en la ventana?
5. ¿Cómo crees que se ha lavado la ropa?
6. ¿Qué tiene la mujer vestida en la blusa sin mangas en las manos? ¿Qué está haciendo?
7. ¿Cuándo hay que planchar la ropa? ¿Qué ropa no necesita planchado?
8. ¿Planchas tu ropa? ¿Por qué sí o no?
9. ¿Qué hace la mujer en la cocina?
10. ¿Qué puede estar cocinando?
11. ¿Cómo va vestida?
12. ¿Por qué usa un mandil?
13. ¿Te gusta cocinar? ¿Por qué sí o no?

## Puntos de partida

14. ¿Cuál es el quehacer doméstico que más te desagrada? ¿Por qué?
15. ¿Qué es una aspiradora? ¿Para qué se usa?
16. ¿Cómo se divide el trabajo doméstico en tu casa o en tu apartamento?
17. ¿Haces tu cama todos los días? ¿Por qué sí o no?
18. ¿Cómo se hace la cama?
19. ¿Para qué se usa la escoba?
20. ¿Es importante para ti el orden y la limpieza del espacio doméstico? ¿Por qué sí o no?

## Temas para conversación

1. Tener una criada o un criado.
2. Los quehaceres del hogar.
3. El hombre y la mujer en los quehaceres domésticos.

## Imaginar y presentar    *Enact the described situation in Spanish.*

A couple who is planning to get married talks about how they will manage their household. Since both of them have demanding careers, they have agreed to share the chores. They list the necessary tasks, and discuss who will perform which jobs.

to dig **cavar**
to cultivate **cultivar**
to plant **plantar, sembrar (ie)**
to feed **dar de comer (a)**
to store **almacenar**
to graze **pacer**
to lead, drive **conducir, llevar**
to get along well **llevarse bien**
to suggest **sugerir (ie, i)**
to lean **apoyar**
to bark **ladrar**
to open **abrir**
to help **ayudar**
to relate to, interact with
    **relacionarse con**
to contribute **contribuir**
to have to do with **tratarse de**
to be afraid of **asustarse de**
to plow **arar**
to seed **sembrar**
to lay eggs **poner huevos**

only **único**
before **antes de**
domestic **doméstico**
typical **típico**
agricultural **agrícola**

farm **la granja, la finca**
livestock ranch **la granja ganadera**
farmer **el granjero, la granjera;**
    **el agricultor, la agricultora**
rancher **el ganadero, la**
    **ganadera**
work **el trabajo**
animal **el animal**
horse **el caballo**
pony **el pony**
cow **la vaca**
grain **el grano**
barn **el granero**
stable **el establo**
sheep **la oveja**
duck **el pato**
goose **el ganso**
pond **el estanque**
donkey **el burro, el asno**
dog **el perro**
cat **el gato**
chicken **el pollo**
egg **el huevo**
hen **la gallina**
rooster **el gallo**
turkey **el pavo**
mouse **el ratón**
field **el campo**

tractor **el tractor**
fence **la cerca**
wall (*exterior*) **el muro**
gate **la puerta**
post **el poste**
fertilizer **el fertilizante**
harvester **la segadora**
plow **el arado**
seed **la semilla**
maintenance **el mantenimiento**
earth, ground **la tierra**
tool **la herramienta**
rake **el rastrillo**
hoe **la azada**
shovel **la pala**
stake **la estaca**
garden **el jardín**
tree **el árbol**
vegetable **la legumbre**
life **la vida**
husband **el esposo, el marido**
wife **la esposa, la mujer**
son **el hijo**
daughter **la hija**
relationship **la relación**
person **la persona**
care **el cuidado**

# 47 La vida en la granja

## Análisis de las fotos

1. ¿Qué animales aparecen en la foto donde se ven casas?
2. ¿Son animales domésticos? ¿Por qué?
3. ¿Para qué sirven?
4. Describe las casas que aparecen en la foto.
5. ¿Se trata de una granja típica de los Estados Unidos? Explica por qué sí o no.
6. ¿Qué animal aparece en la otra foto?
7. ¿Es un animal doméstico? ¿Por qué?
8. ¿Para qué se usa?
9. ¿Por qué no tiene miedo de las personas?

## Puntos de partida

10. ¿Para qué pueden usarse los caballos en una granja?
11. ¿Cuál es la diferencia entre una granja agrícola y una ganadera?
12. ¿Qué es un tractor y para qué sirve?
13. ¿Qué productos se obtienen de las ovejas?
14. ¿Qué es el fertilizante y para qué sirve?
15. ¿Qué cuidado requieren los pollos y las gallinas?
16. ¿Qué producen los pollos y las gallinas?
17. ¿De qué manera los perros y los gatos contribuyen al mantenimiento de una granja?
18. ¿Por qué hay que arar la tierra antes de sembrarla?
19. ¿Para qué sirve el rastrillo?
20. ¿Cuál es la diferencia entre un granero y un establo?

## Temas para conversación

1. Descripción de una granja típica de los Estados Unidos.
2. Ventajas e inconvenientes de una vida de granjero.
3. Cómo cultivar un jardín.

## Imaginar y presentar    *Enact the described situation in Spanish.*

Mr. Ed (or don Eduardo), the talking horse, meets up with doña Galinda, the talking hen; don Pepe, the talking dog; and doña Olaya, the talking sheep. The four discuss life on the farm, each from their own perspective, and talk about their relationship with the other animals, as well as with the farmer and his family.

to take a picture **sacar una fotografía (o una foto)**
to climb **escalar, trepar, subir**
to raise, lift **levantar, alzar**
to feed **dar de comer (a)**
to protect **proteger**
to escape **escapar(se)**
to eat **comer**
to drink **beber**
to approach, get close (to) **acercarse (a)**
to sit **sentarse (ie)**
to look at **mirar**
to find **encontrar (ue)**
to originate from **proceder de**
to mount **montarse en**
to belong **pertenecer**
to set up **establecer**
to afford **alcanzarle el dinero a uno**
to discuss **discutir**
to name **nombrar**
to prefer **preferir (ie, i)**
to be seated **estar sentado**
to be separated **estar aislado**

around **alrededor (de)**
beside **al lado de**
in favor of **a favor de**
against **en contra de**
without **sin**
sad **triste**
happy **contento**

scared **asustado**
dangerous **peligroso**
strange **extraño**
safe **seguro**

zoo **el (parque) zoológico, el zoo**
cage **la jaula**
house (*for animals*) **la caseta**
animal **el animal**
wild animal **la fiera**
beast **la bestia**
king **el rey**
monkey **el mono**
bear **el oso**
lion **el león**
tiger **el tigre**
elephant **el elefante**
gorilla **el gorila**
giraffe **la jirafa**
wolf **el lobo**
deer **el ciervo**
antelope **el antílope**
gazelle **la gacela**
fox **la zorra**
camel **el camello**
leopard **el leopardo**
panther **la pantera**
hyena **la hiena**
pony **el poni**
zebra **la cebra**
hippopotamus **el hipopótamo**
rhinoceros **el rinoceronte**
alligator **el caimán**

snake **la culebra**
reptile **el reptil**
hunting **la caza**
human being **el ser humano**
father **el padre**
mother **la madre**
son **el hijo**
daughter **la hija**
child **el niño, la niña**
balloon **el globo**
camera **la cámara (fotográfica)**
railing **la barandilla**
wall **el muro**
fence **la cerca**
cage **la jaula**
fountain **la fuente**
bench **el banco**
sign **el letrero**
ditch **la zanja, el foso**
hill **la colina**
banana **el plátano** (*Spain*), **la banana**
banana peel **la cáscara de plátano**
meat **la carne**
danger **el peligro**
entrepreneur **el empresario, la empresaria**
funds **los fondos**
community **la comunidad**
physical setting **el entorno**
place **el sitio**

# 48  El zoológico

## Análisis de las fotos

1. ¿Qué miran el padre y la hija?
2. ¿Qué hace el animal que están mirando?
3. ¿Qué animal es? ¿De dónde crees que procede?
4. ¿Dónde está sentada la niña?
5. ¿Crees que es un sitio seguro? ¿Por qué sí o no?
6. ¿Qué se le puede dar de comer al animal que miran?
7. ¿En qué animal se ha montado la niña de la foto?
8. ¿Qué crees que va a hacer?
9. ¿Cómo está la niña—triste, contenta, asustada? ¿Por qué?
10. ¿Quién está al lado de la niña?
11. ¿Qué otros animales de la misma familia de los ponies se pueden encontrar en un zoo?

## Puntos de partida

12. En tu opinión, ¿cuál es el animal más peligroso? ¿Por qué?
13. Menciona algunos animales no domésticos que se pueden tener en casa sin peligro.
14. ¿Qué animales pertenecen a la familia de los reptiles?
15. ¿Qué animales comen carne y cuáles no?
16. ¿Cuáles son tus animales favoritos? ¿Por qué?
17. Menciona algunos animales de un zoo que no tienen que estar aislados por ser peligrosos.
18. Además de ver animales, ¿qué otras cosas se pueden hacer en un zoológico?
19. ¿Cuál es el animal más extraño que has visto en un zoo? ¿Por qué piensas que es extraño?
20. Nombra algunos animales que se pueden ver sin ir a un zoológico.

## Temas para conversación

1. A favor o en contra de los zoológicos.
2. La defensa de las especies en peligro de extinción.
3. A favor o en contra de la caza.

## Imaginar y presentar    *Enact the described situation in Spanish.*

A group of entrepreneurs with limited funds is setting up a small zoo to serve the local community. Since they cannot afford to have all the animals normally found in a large zoo, they discuss which animals to put in their zoo. Naturally, not everyone prefers the same animals. They also discuss what the physical setting of their zoo will be.

to be (*weather*) **hacer (tiempo, frío, calor)**
to be (*body temperature*) **tener (ie) (frío, calor)**
to forecast **pronosticar**
to rain **llover (ue)**
to snow **nevar (ie)**
to melt **derretirse (i, i)**
to freeze **helarse (ie), congelarse**
to bloom **florecer**
to sing **cantar**
to dry (off), wipe (off) **secar(se)**
to throw **tirar, lanzar**
to perspire **sudar**
to rise **ascender (ie), subir**
to have just **acabar de**
to fall (down) **caer(se)**
to protect oneself **protegerse**
to walk, stroll **pasear**
to carry or wear **llevar**
to take a picture **sacar una fotografía (o una foto)**
to describe **describir**
to spend (time) **pasar**
to justify **justificar**

cloudy **nublado**
dry **seco**
damp, humid **húmedo**
today **hoy**
besides **además (de)**
eternal **eterno**

covered with **cubierto de**
warm **cálido**
32° Fahrenheit = **0° centígrado.**
  *Para convertir grados centigrados a Fahrenheit, multiplica por 9, divide por 5 y agrégale 32. Para convertir grados Fahrenheit a centigrados, dedúcele 32, multiplica por 5 y divide por 9.*

weather **el tiempo**
climate **el clima**
season **la estación del año**
spring **la primavera**
summer **el verano**
fall **el otoño**
winter **el invierno**
freezing point **el punto de congelación**
greenhouse effect **el efecto invernadero**
north **el norte**
south **el sur**
east **el este**
west **el oeste**
water **el agua** *f.*
rain **la lluvia**
raindrop **la gota de lluvia**
snow **la nieve**
snowball **la bola de nieve**
ice **el hielo**
sun **el sol**

cloud **la nube**
wind **el viento**
hail **el granizo**
storm **la tempestad, la tormenta**
thunder **el trueno**
lightning **el relámpago**
tornado **la tromba, el tornado**
snow storm **la nevada**
blizzard **la ventisca**
drought **la sequía**
hurricane **el huracán**
degree **el grado**
zero **el cero**
garden, yard **el jardín**
bird **el pájaro**
face **la cara**
head **la cabeza**
country **el país**
park **el parque**
ground, floor **el suelo**
scene **la escena**
place **el lugar**
characteristic **la característica**
experience **la experiencia**
year **el año**
question **la pregunta**
wool cap **el gorro de lana**
umbrella **el paraguas**
host family **la familia anfitriona**
human being **el ser humano**
impact **el impacto**
environment **el medio ambiente**

# 49 El tiempo

## Análisis de las fotos

1. ¿Por qué los dos hombres que aparecen en una de las fotos llevan gorros de lana en sus cabezas?
2. ¿Qué llevan en las manos?
3. ¿Por qué el suelo está cubierto de nieve?
4. ¿Sólo nieva en invierno? Explica por qué.
5. ¿En qué parte del mundo puede haberse sacado esa foto con nieve? ¿Por qué?
6. ¿Por qué llevan paraguas las personas en otra de las fotos?
7. ¿Qué estación del año crees que es?
8. ¿Qué otras maneras hay de protegerse de la lluvia, además de con un paraguas?
9. ¿Qué tiempo hace en la foto en que aparecen tres mujeres paseando en el parque?
10. ¿Crees que la escena se ha tomado en un país de clima cálido? ¿Por qué sí o no?
11. ¿Cuáles son las características de un clima tropical?

## Puntos de partida

12. ¿Qué es el invierno?
13. ¿Cómo es el invierno en el lugar donde vives?
14. ¿Por qué se produce la nieve?
15. ¿Qué es una ventisca?
16. ¿Por qué es peligroso manejar en una ventisca?
17. ¿En qué estación florecen las plantas? ¿Por qué?
18. ¿Por qué hace calor en verano?
19. ¿Qué pasa cuando hay una sequía?
20. ¿Crees en el efecto invernadero? Justifica tu respuesta.

## Temas para conversación

1. Las ventajas y desventajas del clima donde vives.
2. El impacto negativo del ser humano en el medio ambiente.
3. Los climas de los Estados Unidos.

## Imaginar y presentar    *Enact the described situation in Spanish.*

Two students from Costa Rica, the land of eternal springtime, have just arrived to spend a year in the north of the United States. Since this is their first experience in a climate with four distinct seasons, they ask their host family members to describe what each season is like. Naturally, they have many questions about snowstorms and other weather patterns. In turn, the host family wants to know about the climate in Costa Rica.

to be born **nacer**
to live **vivir**
to die **morir (ue, u)**
to marry, get married (to) **casarse (con)**
to age, grow old **envejecer(se)**
to pray **orar, rezar**
to weep, cry **llorar**
to take place **tener (ie) lugar**
to forget **olvidarse (de)**
to remember **recordar (ue)**
to return **volver (ue)**
to spend (time) **pasar**
to carry or wear **llevar**
to be used for **servir para (i, i)**
to have to do with **tratarse de**
to be twenty years old **tener (ie)
    veinte años**
to deduce **deducir**
to dress **vestirse (i, i)**
to be dressed **estar vestido**
How is he dressed? **¿Cómo va vestido?**

young **joven**
mature **maduro**
old **viejo, anciano**
happy **feliz**
sad **triste**
deceased **difunto**
at times **a veces**
frequent **frecuente**
intimate **íntimo**
conventional **convencional**
North American **norteamericano**
on his/her own **por sí mismo**

cycle **el ciclo**

stage (*of a development*) **la etapa**
life **la vida**
human being **el ser humano**
birth **el nacimiento**
death **la muerte**
age **la edad**
childhood **la niñez**
youth **la juventud**
adolescence **la adolescencia**
adolescent, teen-ager **el, la
    adolescente**
young person **el, la joven**
old person **la persona mayor**
senior citizen **la persona de la
    tercera edad**
old age **la vejez**
family relation, kinship **el parentesco,
    la relación familiar**
husband **el esposo, el marido**
wife **la esposa, la mujer**
father **el padre, el papá**
mother **la madre, la mamá**
baby **el nene, la nena; el, la bebé; el
    crío, la cría**
marriage, married couple **el
    matrimonio**
divorce **el divorcio**
wedding **la(s) boda(s), el enlace**
wedding day **el día de bodas**
bride **la novia**
groom **el novio**
newlywed **el recién casado, la recién
    casada**
floral bouquet **el ramo de flores**
veil **el velo**

wedding ring **la alianza, el anillo de
    boda**
honeymoon **la luna de miel, el viaje
    de novios**
guest **el invitado, la invitada**
best man **el primer padrino de boda**
groomsman, usher **el padrino de boda**
maid of honor **la primera madrina de
    boda**
bridesmaid **la madrina de boda, la
    dama**
Catholic **el católico, la católica**
Jew **el judío, la judía**
Protestant **el, la protestante**
church **la iglesia**
temple (*Jewish*) **la sinagoga**
priest **el sacerdote, el cura**
rabbi **el rabino**
minister, pastor **el clérigo, el pastor**
widower **el viudo**
widow **la viuda**
cemetery, graveyard **el cementerio, el
    camposanto**
funeral **el funeral, los funerales**
burial **el entierro**
coffin **el ataúd**
grave **el sepulcro, la sepultura, la
    tumba**
society **la sociedad**
feature **el rasgo**
main part **la parte principal**
hand **la mano**
cane **el bastón**
high school reunion **la reunión de la
    escuela secundaria**

# 50 El ciclo de la vida

## Análisis de las fotos

1. ¿Cuál puede ser la edad del bebé? ¿Por qué?
2. ¿Qué cosas no puede hacer un ser humano a esa edad?
3. ¿Cómo va vestido el bebé? ¿Por qué puede estar vestido de esta manera?
4. ¿Cómo van vestidos los jóvenes que aparecen en una de las fotos?
5. ¿Qué lleva la mujer en las manos?
6. ¿De dónde están saliendo? ¿Qué hacían allí?
7. ¿Por qué los novios y las novias se visten de esa manera?
8. ¿Qué edades pueden tener el novio y la novia?
9. ¿Qué edades pueden tener el señor y la señora?
10. ¿Qué tiene la señora en sus manos? ¿Para qué sirve?
11. ¿De qué rasgos en la foto deduces que se trata de personas mayores?
12. Si tienen una relación familiar, ¿cuál puede ser?

## Puntos de partida

13. ¿Dónde naciste y dónde pasaste la parte principal de tu niñez?
14. ¿A qué edades se es adolescente, joven y maduro?
15. ¿Cuál es, en tu opinión, la edad ideal para casarse? ¿Por qué?
16. ¿Crees que la gente se casa joven o mayor en los Estados Unidos? ¿Por qué?
17. Describe una boda que recuerdas especialmente.
18. ¿Cuáles son las diferencias entre una persona joven y una madura?
19. ¿Puede un niño de seis años tomar decisiones por sí mismo? Explica tu respuesta.
20. ¿Qué es un funeral?

## Temas para conversación

1. Los conflictos generacionales.
2. Las bodas grandes y tradicionales vs. las bodas íntimas o no convencionales.
3. ¿Por qué es tan frecuente el divorcio en la sociedad norteamericana?

## Imaginar y presentar    *Enact the described situation in Spanish.*

It is high school reunion time. Four young adults who were close friends in high school, but haven't seen each other in ten years, are anxious to catch up on each other's lives. Among them and their families there have been major transitions such as marriages, divorces, births, and deaths.

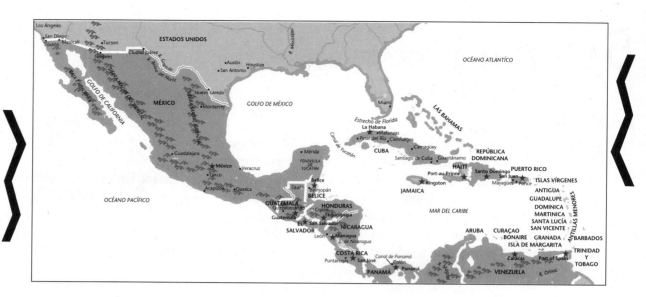

to border (on) **limitar (con)**
to have in common **tener (ie) en común**
to share **poseer en común**
to take a trip **hacer un viaje**
to come from **provenir de (ie, i)**
to mention **mencionar**
to usually be **soler (ue) ser**
to enumerate **enumerar**
to dream of **soñar con (ue)**
to long for **añorar**
to sail **navegar**
to run the length of **extenderse (ie) a lo largo de**

Hispanic **hispano**
extensive **extenso**
famous **famoso**
only **único**
majority **mayoritario**
indigenous **indígena**
complicated **complicado**

map **el mapa**
border **la frontera**
city **la ciudad**
capital **la capital**
country, nation **el país, la nación**
continent **el continente**

region **la región**
state **el estado**
mountain **la montaña**
mountain range **la sierra**
chain **la cadena**
forest, jungle **la selva**
river **el río**
coast **la costa**
port **el puerto**
island **la isla**
population **la población**
language **el idioma, la lengua**
native **el, la indígena**
Mexico **Méjico** (*Spain*), **México** (*Spanish America*)
Portuguese **el portugués**
Latin America **Latinoamérica**
Latin American **el latinoamericano, la latinoamericana**
Spanish America **Hispanoamérica**
Spanish American **el hispanoamericano, la hispanoamericana**
Central America **Centro América, Centroamérica, la América Central**
Central American **el centroamericano, la centroamericana**

South America **Sudamérica, la América del Sur**
South American **el sudamericano, la sudamericana**
United States (of America), U.S.A. **los Estados Unidos (de América), E.U.A., EE.UU.**
*Central and South American countries whose names are usually preceded by the definite article:* **El Salvador, el Panamá, el Ecuador, el Perú, el Paraguay, el Uruguay, el Brasil, la Argentina**
Atlantic Ocean **el océano Atlántico**
Pacific Ocean **el océano Pacífico**
Caribbean Sea **el mar Caribe**
Gulf of Mexico **el Golfo de México**
Andes mountains **los Andes**
Amazon river **el río Amazonas**
canal zone **la zona del canal**
boat **el barco**
cruise **el crucero**
most part **la mayor parte**
relations **las relaciones**

# 51 Mapa de México, Centroamérica y el Caribe

## Análisis del mapa

1. Nombra dos estados de los Estados Unidos que limitan con México.
2. Nombra varias ciudades mexicanas situadas en la frontera con los EE.UU.
3. ¿Qué países poseen en común el Golfo de México?
4. Enumera los países que forman Centroamérica.
5. San Salvador es para El Salvador como San José es para ¿qué país?
6. ¿En qué islas del mar Caribe se habla español?
7. ¿De dónde proviene la mayor parte de la población hispana de Miami? ¿Por qué?
8. ¿Cuál es el país más extenso de Centroamérica?
9. ¿Dónde está la famosa zona del canal?
10. ¿Cuál es el único país caribeño que comparte una isla con otro país?
11. ¿Cuáles son las capitales de Guatemala, Honduras y Nicaragua?
12. ¿De qué país son las ruinas de Tikal? ¿las ruinas de Copán?
13. ¿Qué país tiene frontera con Colombia?
14. ¿Qué es lo que tienen en común La Habana y San Juan?
15. ¿Cuáles países son islas?
16. ¿Cuáles son los oceanos que rodean Centroamérica?

## Puntos de partida

17. ¿Cuáles son los dos idiomas mayoritarios de Centroamérica y en qué países se hablan?
18. ¿Por qué las relaciones entre los EE.UU. y México suelen ser complicadas?
19. Menciona algunas de las diferencias entre los países de Centroamérica.
20. Si pudieras hacer un viaje a Centroamérica, ¿qué países te gustaría visitar? ¿Por qué?

## Temas para conversación

1. Las relaciones entre los Estados Unidos y América Latina.
2. Mi viaje a _____ (un país hispanoamericano). (Puede ser un viaje real o imaginario.)
3. Algunas civilizaciones indígenas de América Latina.

## Imaginar y presentar    *Enact the described situation in Spanish.*

Four students describe their fantasy trip to Central America. One dreams of exploring ancient Mayan ruins. Another longs to see the rain forests of Costa Rica. The third would love to sail the Caribbean, and the fourth would travel to the major cities, and experience cosmopolitan life.

to border (on) **limitar (con)**
to have in common **tener (ie) en común**
to choose, elect **escoger, elegir (i, i)**
to govern, rule **gobernar, regir (i, i)**
to belong to **pertenecer a**
to travel **viajar**
to cross **atravesar (ie)**
to be situated **estar situado**
to be located **encontrarse (ue), hallarse**
to have just **acabar de**
to arrive **llegar**
to tell **contar (ue)**
to mean **querer (ie) decir**

only, just **solamente**
with regard to **(con) respecto a**
own **propio**
within **dentro de**
main **principal**
constitutional **constitucional**
touristic **turístico**

map **el mapa**
Iberian Peninsula (*Spain and Portugal*) **la Península Ibérica**
location **la situación**
territory **el territorio**
geography **la geografía**
north **el norte**
northeast **el nordeste**
northwest **el noroeste**
south **el sur**
southeast **el sudeste**
southwest **el sudoeste**
east **el este**
west **el oeste**

center **el centro**
border **la frontera**
city **la ciudad**
province **la provincia**
autonomous community, regional government **la comunidad autónoma, el estado de las autonomías**
country, nation **el país, la nación**
capital **la capital**
war **la guerra**
republic **la república**
democracy **la democracia**
monarchy **la monarquía**
dictatorship **la dictadura**
government **el gobierno**
law **la ley**
constitution **la constitución**
parliament, congress, legislature **el parlamento, el congreso, las cortes**
president **el presidente, la presidenta**
prime minister **el primer ministro, la primera ministra**
head of state **el, la jefe(a) del estado**
king **el rey**
queen **la reina**
mountain **la montaña**
chain **la cadena**
river **el río**
sea **el mar**
island **la isla**
port **el puerto**
industry **la industria**
money **el dinero**
language **el idioma, la lengua**

Spain **España**
nationality **la nacionalidad**
people **la gente, las gentes**
Spaniard **el español, la española**
Portuguese (*language*) **el portugués;** (*person*) **el portugués, la portuguesa**
United States (of America), U.S.A. **los Estados Unidos (de América), E.U.A., EE.UU.**
(North) American (*including Canadians*) **el norteamericano, la norteamericana**
American (*U.S.A. only*) **el, la estadounidense; el americano, la americana; el, la yanqui** (*Spain*), **el gringo, la gringa** (*Spanish America*)
inhabitant of Madrid **el madrileño, la madrileña**
inhabitant of Barcelona **el barcelonés, la barcelonesa**
inhabitant of Bilbao **el bilbaíno, la bilbaína**
inhabitant of Seville **el sevillano, la sevillana**
Catalonian (*language*) **el catalán;** (*person*) **el catalán, la catalana**
Basque (*language*) **el vasco;** (*person*) **el vasco, la vasca**
Galician (*language*) **el gallego;** (*person*) **el gallego, la gallega**
impression **la impresión**
perception **la percepción**
difference **la diferencia**
similarity **la semejanza**

# 52 Mapa de la Península Ibérica

## Análisis del mapa

1. ¿Cuáles son las comunidades autónomas del norte de España?
2. ¿Cuál es la capital de la comunidad autónoma de Galicia?
3. ¿En qué parte de España se encuentra la ciudad de Valencia?
4. ¿Cuál es la capital de España? ¿Dónde está situada?
5. ¿Qué provincias forman la comunidad de Castilla y León?
6. ¿Qué comunidades autónomas son islas?
7. ¿En qué provincia está Palma de Mallorca?
8. ¿Qué regiones y ciudades hay que atravesar para viajar de Murcia a Oviedo?
9. ¿Qué país limita con España al nordeste?
10. Describe la situación de Zaragoza.
11. Nombra tres ciudades españolas que son puerto de mar.
12. ¿Cuáles son las principales ciudades de Andalucía? ¿Qué sabes de algunas de ellas?
13. ¿Qué regiones se hallan en la frontera entre España y Portugal?

## Puntos de partida

14. Además del español, ¿qué otros idiomas se hablan en España? ¿En qué regiones?
15. ¿Cómo se les llama a los habitantes de Madrid, Sevilla y Bilbao?
16. ¿Por qué es famosa la región de la Mancha?
17. España es una monarquía constitucional. ¿Qué quiere decir esto?
18. ¿Cuáles son las diferencias entre una monarquía, una república y una dictadura?
19. ¿Por qué vascos, catalanes y gallegos forman nacionalidades diferentes dentro del estado español?

## Temas para conversación

1. La geografía y las gentes de España.
2. El gobierno (o los gobiernos) de España.
3. Por qué España es un país turístico.

## Imaginar y presentar    *Enact the described situation in Spanish.*

Two students from the U.S. have just arrived to spend a year in Spain. They ask their new Spanish friends to tell them about Spain—the government, the geography, the regions, etc. The Spaniards, in turn, are anxious to hear their impressions of Spain, and their perceptions of its differences and similarities with the United States.

# Apéndice

## Regular Verbs
## (Verbos regulares)

| -ar | -er | -ir |
|---|---|---|
| | **INFINITIVE (INFINITIVO)** | |
| **tomar** *to take* | **comer** *to eat* | **vivir** *to live* |
| | **PRESENT PARTICIPLE (GERUNDIO)** | |
| **tomando** *taking* | **comiendo** *eating* | **viviendo** *living* |
| | **PAST PARTICIPLE (PARTICIPIO PASADO)** | |
| **tomado** *taken* | **comido** *eaten* | **vivido** *lived* |

## Simple Tenses
## (Tiempos simples)

### Indicative Mood (Modo Indicativo)

**PRESENT (PRESENTE)**

| *I take, do take, am taking* | *I eat, do eat, am eating* | *I live, do live, am living* |
|---|---|---|
| tom**o** | com**o** | viv**o** |
| tom**as** | com**es** | viv**es** |
| tom**a** | com**e** | viv**e** |
| tom**amos** | com**emos** | viv**imos** |
| tom**áis** | com**éis** | viv**ís** |
| tom**an** | com**en** | viv**en** |

**IMPERFECT (IMPERFECTO)**

| *I was taking, used to take, took* | *I was eating, used to eat, ate* | *I was living, used to live, lived* |
|---|---|---|
| tom**aba** | com**ía** | viv**ía** |
| tom**abas** | com**ías** | viv**ías** |
| tom**aba** | com**ía** | viv**ía** |
| tom**ábamos** | com**íamos** | viv**íamos** |
| tom**abais** | com**íais** | viv**íais** |
| tom**aban** | com**ían** | viv**ían** |

**PRETERITE (PRETÉRITO)**

| *I took, did take* | *I ate, did eat* | *I lived, did live* |
|---|---|---|
| tom**é** | com**í** | viv**í** |
| tom**aste** | com**iste** | viv**iste** |
| tom**ó** | com**ió** | viv**ió** |
| tom**amos** | com**imos** | viv**imos** |
| tom**asteis** | com**isteis** | viv**isteis** |
| tom**aron** | com**ieron** | viv**ieron** |

## FUTURE (FUTURO)

| *I will take* | *I will eat* | *I will live* |
|---|---|---|
| tomar**é** | comer**é** | vivir**é** |
| tomar**ás** | comer**ás** | vivir**ás** |
| tomar**á** | comer**á** | vivir**á** |
| tomar**emos** | comer**emos** | vivir**emos** |
| tomar**éis** | comer**éis** | vivir**éis** |
| tomar**án** | comer**án** | vivir**án** |

## CONDITIONAL (CONDICIONAL)

| *I would take* | *I would eat* | *I would live* |
|---|---|---|
| tomar**ía** | comer**ía** | vivir**ía** |
| tomar**ías** | comer**ías** | vivir**ías** |
| tomar**ía** | comer**ía** | vivir**ía** |
| tomar**íamos** | comer**íamos** | vivir**íamos** |
| tomar**íais** | comer**íais** | vivir**íais** |
| tomar**ían** | comer**ían** | vivir**ían** |

---

## Commands (Mandos)

---

### AFFIRMATIVE (AFIRMATIVO)

| *take* | *eat* | *live* |
|---|---|---|
| tom**a** (tú) | com**e** (tú) | viv**e** (tú) |
| tom**e** (Ud.) | com**a** (Ud.) | viv**a** (Ud.) |
| tom**emos** (*let's take*) | com**amos** (*let's eat*) | viv**amos** (*let's live*) |
| tom**ad** (vosotros, -as) | com**ed** (vosotros, -as) | viv**id** (vosotros, -as) |
| tom**en** (Uds.) | com**an** (Uds.) | viv**an** (Uds.) |

### NEGATIVE (NEGATIVO)

| *do not take* | *do not eat* | *do not live* |
|---|---|---|
| No tom**es** (tú) | No com**as** (tú) | No viv**as** (tú) |
| No tom**e** (Ud.) | No com**a** (Ud.) | No viv**a** (Ud.) |
| No tom**emos** (*let's not take*) | No com**amos** (*let's not eat*) | No viv**amos** (*let's not live*) |
| No tom**éis** (vosotros, -as) | No com**áis** (vosotros, -as) | No viv**áis** (vosotros, -as) |
| No tom**en** (Uds.) | No com**an** (Uds.) | No viv**an** (Uds.) |

---

## Subjunctive Mood (Modo Subjuntivo)

---

### PRESENT (PRESENTE)

| *(that) I may take* | *(that) I may eat* | *(that) I may live* |
|---|---|---|
| tom**e** | com**a** | viv**a** |
| tom**es** | com**as** | viv**as** |
| tom**e** | com**a** | viv**a** |
| tom**emos** | com**amos** | viv**amos** |
| tom**éis** | com**áis** | viv**áis** |
| tom**en** | com**an** | viv**an** |

### IMPERFECT, R FORM (IMPERFECTO, FORMA EN R)

| | | |
|---|---|---|
| tom**ara** | com**iera** | viv**iera** |
| tom**aras** | com**ieras** | viv**ieras** |
| tom**ara** | com**iera** | viv**iera** |
| tom**áramos** | com**iéramos** | viv**iéramos** |
| tom**arais** | com**ierais** | viv**ierais** |
| tom**aran** | com**ieran** | viv**ieran** |

## IMPERFECT, S FORM (IMPERFECTO, FORMA EN S)

| (that) I might (would) take | (that) I might (would) eat | (that) I might (would) live |
|---|---|---|
| tom**ase** | com**iese** | viv**iese** |
| tom**ases** | com**ieses** | viv**ieses** |
| tom**ase** | com**iese** | viv**iese** |
| tom**ásemos** | com**iésemos** | viv**iésemos** |
| tom**aseis** | com**ieseis** | viv**ieseis** |
| tom**asen** | com**iesen** | viv**iesen** |

# Compound Tenses
# (Tiempos compuestos)

## Indicative Mood (Modo Indicativo)

### PRESENT PERFECT (PERFECTO)

| I have taken | | I have eaten | | I have lived | |
|---|---|---|---|---|---|
| he | | he | | he | |
| has | | has | | has | |
| ha | tomado | ha | comido | ha | vivido |
| hemos | | hemos | | hemos | |
| habéis | | habéis | | habéis | |
| han | | han | | han | |

### PAST PERFECT (PLUSCUAMPERFECTO)

| I had taken | | I had eaten | | I had lived | |
|---|---|---|---|---|---|
| había | | había | | había | |
| habías | | habías | | habías | |
| había | tomado | había | comido | había | vivido |
| habíamos | | habíamos | | habíamos | |
| habíais | | habíais | | habíais | |
| habían | | habían | | habían | |

### FUTURE PERFECT (FUTURO PERFECTO)

| I will have taken | | I will have eaten | | I will have lived | |
|---|---|---|---|---|---|
| habré | | habré | | habré | |
| habrás | | habrás | | habrás | |
| habrá | tomado | habrá | comido | habrá | vivido |
| habremos | | habremos | | habremos | |
| habréis | | habréis | | habréis | |
| habrán | | habrán | | habrán | |

### CONDITIONAL PERFECT (CONDICIONAL PERFECTO)

| I would have taken | | I would have eaten | | I would have lived | |
|---|---|---|---|---|---|
| habría | | habría | | habría | |
| habrías | | habrías | | habrías | |
| habría | tomado | habría | comido | habría | vivido |
| habríamos | | habríamos | | habríamos | |
| habríais | | habríais | | habríais | |
| habrían | | habrían | | habrían | |

## Subjunctive Mood (Modo Subjuntivo)

### PRESENT PERFECT (PERFECTO)

| (that) I may have taken | | (that) I may have eaten | | (that) I may have lived | |
|---|---|---|---|---|---|
| haya | | haya | | haya | |
| hayas | | hayas | | hayas | |
| haya | tomado | haya | comido | haya | vivido |
| hayamos | | hayamos | | hayamos | |
| hayáis | | hayáis | | hayáis | |
| hayan | | hayan | | hayan | |

## R FORM (FORMA EN R)

| hubiera | | | hubiera | | | hubiera | |
|---------|---|---|---------|---|---|---------|---|
| hubieras | | | hubieras | | | hubieras | |
| hubiera | tomado | | hubiera | comido | | hubiera | vivido |
| hubiéramos | | | hubiéramos | | | hubiéramos | |
| hubierais | | | hubierais | | | hubierais | |
| hubieran | | | hubieran | | | hubieran | |

## PAST PERFECT, S FORM (PLUSCUAMPERFECTO, FORMA EN S)

| *(that) I might (would) have taken* | *(that) I might (would) have eaten* | *(that) I might (would) have lived* |
|---|---|---|

| hubiese | | | hubiese | | | hubiese | |
|---------|---|---|---------|---|---|---------|---|
| hubieses | | | hubieses | | | hubieses | |
| hubiese | tomado | | hubiese | comido | | hubiese | vivido |
| hubiésemos | | | hubiésemos | | | hubiésemos | |
| hubieseis | | | hubieseis | | | hubieseis | |
| hubiesen | | | hubiesen | | | hubiesen | |

# Radical-changing Verbs
# (Verbos que cambian la radical)

## Class 1 (1ª Clase)

Verbs of the first and second conjugations only; **e** becomes **ie** and **o** becomes **ue** throughout the singular and in the third-person plural of the present indicative, present subjunctive, and the commands:

### pensar *to think*

| PRES. IND. | **pienso, piensas, piensa,** pensamos, pensáis, **piensan** |
|---|---|
| PRES. SUBJ. | **piense, pienses, piense,** pensemos, penséis, **piensen** |
| COMMAND | **piensa, piense,** pensemos, pensad, **piensen** |

### volver *to return, turn*

| PRES. IND. | **vuelvo, vuelves, vuelve,** volvemos, volvéis, **vuelven** |
|---|---|
| PRES. SUBJ. | **vuelva, vuelvas, vuelva,** volvamos, volváis, **vuelvan** |
| COMMAND | **vuelve, vuelva,** volvamos, volved, **vuelvan** |

## Class 2 (2ª Clase)

Verbs of the third conjugation only; **e** becomes **ie,** **o** becomes **ue,** as in Class 1; **e** becomes **i, o** becomes **u** in the third-person singular and plural of the preterite indicative, in the first- and second-persons plural of the present subjunctive, throughout the imperfect subjunctive, and in the present participle:

### sentir *to feel, regret*

| PRES. IND. | **siento, sientes, siente,** sentimos, sentís, **sienten** |
|---|---|
| PRET. IND. | sentí, sentiste, **sintió,** sentimos, sentisteis, **sintieron** |
| PRES. SUBJ. | **sienta, sientas, sienta, sintamos, sintáis, sientan** |
| IMPERF. SUBJ. | { (**r** form) **sintiera,** etc.<br>{ (**s** form) **sintiese,** etc. |
| COMMAND | **siente, sienta, sintamos,** sentid, **sientan** |
| PRES. PART. | **sintiendo** |

### dormir *to sleep*

| PRES. IND. | **duermo, duermes, duerme,** dormimos, dormís, **duermen** |
|---|---|
| PRET. IND. | dormí, dormiste, **durmió,** dormimos, dormisteis, **durmieron** |
| PRES. SUBJ. | **duerma, duermas, duerma, durmamos, durmáis, duerman** |
| IMPERF. SUBJ. | { (**r** form) **durmiera,** etc.<br>{ (**s** form) **durmiese,** etc. |
| COMMAND | **duerme, duerma, durmamos,** dormid, **duerman** |
| PRES. PART. | **durmiendo** |

## Class 3 (3ª Clase)

Verbs of the third conjugation only; **e** becomes **i** (there are no **o** verbs) in all forms that had any radical change in Class 2:

### **pedir** *to ask (for)*

| | |
|---|---|
| PRES. IND. | **pido, pides, pide,** pedimos, pedís, **piden** |
| PRET. IND. | pedí, pediste, **pidió,** pedimos, pedisteis, **pidieron** |
| PRES. SUBJ. | **pida, pidas, pida, pidamos, pidáis, pidan** |
| IMPERF. SUBJ. | ⎰ (**r** form) **pidiera,** etc. |
| | ⎱ (**s** form) **pidiese,** etc. |
| COMMAND | **pide, pida, pidamos,** pedid, **pidan** |
| PRES. PART. | **pidiendo** |

## *Orthographic-changing Verbs*
## *(Verbos con cambio ortográfico)*

Verbs of the first conjugation ending in **car, gar, guar,** and **zar** have the following changes before **e** in the first-person singular preterite indicative and throughout the present subjunctive and commands:

**c** to **qu**

### **sacar** *to take out*

**saqué,** sacaste, etc.
**saque, saques,** etc.

**g** to **gu**

### **pagar** *to pay (for)*

**pagué,** pagaste, etc.
**pague, pagues,** etc.

**gu** to **gü**

### **averiguar** *to find out*

**averigüé,** averiguaste, etc.
**averigüe, averigües,** etc.

**z** to **c**

### **empezar** *to begin*

**empecé,** empezaste, etc.
**empiece, empieces,** etc.

Verbs of the second and third conjugations ending in **cer, cir, ger, gir, guir,** and **quir** have the following changes before **o** and **a** in the first-person singular present indicative and throughout the present subjunctive:

**c** to **z** (if the ending **cer** to **cir** is preceded by a consonant)

### **vencer** *to conquer*

**venzo,** vences, etc.
**venza, venzas,** etc.

**c** to **zc** (if the ending **cer** to **cir** is preceded by a vowel)

### **conocer** *to know*

**conozco,** conoces, etc.
**conozca, conozcas,** etc.

**g** to **j**

## coger *to catch*

**cojo,** coges, etc.
**coja, cojas,** etc.

## dirigir *to direct*

**dirijo,** diriges, etc.
**dirija, dirijas,** etc.

**gu** to **g**

## distinguir *to distinguish*

**distingo,** distingues, etc.
**distinga, distingas,** etc.

Verbs whose stem ends in a vowel change unaccented **i** between two vowels to **y** in the third-person singular and plural preterite indicative, throughout the imperfect subjunctive, and in the present participle:

## leer *to read*

leí, leíste, **leyó,** leímos, leísteis, **leyeron**
**leyera,** etc.
**leyendo**

Verbs ending in **uir** in which the **u** is sounded insert **y** before all vowels except **i** throughout the present indicative and present subjunctive:

## incluir *to include*

**incluyo, incluyes, incluye,** incluimos, incluís, **incluyen**
**incluya,** etc.

Some verbs ending in **iar** and **uar** bear a written accent on **i** and **u** throughout the singular and the third-person plural of the present indicative and present subjunctive, and in the second-person singular and third-person plural of the command:

## enviar *to send*

**envío, envías, envía,** enviamos, enviáis, **envían**
**envíe, envíes, envíe,** enviemos, enviéis, **envíen**
**envía, envíe, enviemos,** enviad, **envíen** (commands)

## continuar *to continue*

**continúo, continúas, continúa,** continuamos, continuáis, **continúan**
**continúe, continúes, continúe,** continuemos, continuéis, **continúen**
**continúa, continúe,** continuemos, continuad, **continúen**

Verbs ending in **eír,** in changing stem **e** to **i,** drop the **i** of endings beginning with **ie** or **io.** Stem vowel **i** takes a written accent in the present indicative:

## reír *to laugh*

**río, ríes, ríe,** reímos, reís, **ríen**
reí, reíste, **rio,** reímos, reísteis, **rieron**
**riera,** etc.
**riendo**

Verbs whose stem ends in **ll** or **ñ** drop the **i** of endings beginning with **ie** and **io.** Likewise, irregular preterites with stems ending in **j** drop **i** of endings beginning with **ie** and **io:**

## decir *to say, tell*

**dijeron**
**dijera,** etc.

## reñir *to scold, quarrel*

**riñó, riñeron**
**riñera,** etc.
**riñendo**

Other verbs like **decir** are **traer** (*to bring*) and compounds of **-ducir,** such as **conducir** (*to conduct*). Some verbs are both radical-changing and orthographic changing:

## comenzar *to begin*

**comienzo**
**comience**

## colgar *to hang*

**cuelgo**
**cuelgue**

# Irregular Verbs
# (Verbos irregulares)

Verbs that are irregular in the past participle only are: **abrir** (*to open*), **abierto; cubrir** (*to cover*), **cubierto; escribir** (*to write*), **escrito; imprimir** (*to print*), **impreso;** and **romper** (*to break*), **roto.**

The following verbs also have irregular past participles: **disolver (ue)** (*to dissolve*), **disuelto; freír (i, i)** (*to fry*), **frito; morir (ue, u)** (*to die*), **muerto; volver (ue)** (*to return*), **vuelto.**

### andar *to go, walk*

| | |
|---|---|
| PRET. | **anduve, anduviste, anduvo, anduvimos, anduvisteis, anduvieron** |
| IMPERF. SUBJ. | (**r** form) **anduviera,** etc. |
| | (**s** form) **anduviese,** etc. |

### caber *to fit, be contained in*

| | |
|---|---|
| PRES. IND. | **quepo, cabes, cabe, cabemos, cabéis, caben** |
| PRET. IND. | **cupe, cupiste, cupo, cupimos, cupisteis, cupieron** |
| FUT. IND. | **cabré, cabrás, cabrá, cabremos, cabrís, cabrán** |
| COND. | **cabría, cabrías, cabría, cabríamos, cabríais, cabrían** |
| PRES. SUBJ. | **quepa, quepas, quepa, quepamos, quepáis, quepan** |
| IMPERF. SUBJ. | (**r** form) **cupiera,** etc. |
| | (**s** form) **cupiese,** etc. |

### caer *to fall*

| | |
|---|---|
| PRES. IND. | **caigo, caes, cae, caemos, caéis, caen** |
| PRET. IND. | **caí, caíste, cayó, caímos, caísteis, cayeron** |
| PRES. SUBJ. | **caiga, caigas, caiga, caigamos, caigáis, caigan** |
| IMPERF. SUBJ. | (**r** form) **cayera,** etc. |
| | (**s** form) **cayese,** etc. |
| COMMAND | **cae, caiga, caigamos, caed, caigan** |
| PAST PART. | **caído** |
| PRES. PART. | **cayendo** |

### conducir *to conduct*

| | |
|---|---|
| PRES. IND. | **conduzco, conduces, conduce, conducimos, conducís, conducen** |
| PRET. IND. | **conduje, condujiste, condujo, condujimos, condujisteis, condujeron** |
| PRES. SUBJ. | **conduzca, conduzcas, conduzca, conduzcamos, conduzcáis, conduzcan** |
| IMPERF. SUBJ. | (**r** form) **condujera,** etc. |
| | (**s** form) **condujese,** etc. |
| COMMAND | **conduce, conduzca, conduzcamos, conducir, conduzcan** |

## dar *to give*

| | |
|---|---|
| PRES. IND. | **doy, das, da, damos, dais, dan** |
| PRET. IND. | **di, diste, dio, dimos, disteis, dieron** |
| PRES. SUBJ. | **dé, des, de, demos, deis, den** |
| IMPERF. SUBJ. | (**r** form) **diera**, etc. |
| | (**s** form) **diese**, etc. |
| COMMAND | **da, dé, demos, dad, den** |

## decir *to say, tell*

| | |
|---|---|
| PRES. IND. | **digo, dices, dice, decimos, decís, dicen** |
| PRET. IND. | **dije, dijiste, dijo, dijimos, dijisteis, dijeron** |
| FUT. IND. | **diré, dirás, dirá, diremos, diréis, dirán** |
| COND. | **diría, dirías, diría, diríamos, diríais, dirían** |
| PRES. SUBJ. | **diga, digas, diga, digamos, digáis, digan** |
| IMPERF. SUBJ. | (**r** form) **dijera**, etc. |
| | (**s** form) **dijese**, etc. |
| COMMAND | **di, diga, digamos, decid, digan** |
| PAST. PART. | **dicho** |
| PRES. PART. | **diciendo** |

## estar *to be*

| | |
|---|---|
| PRES. IND. | **estoy, estás, está, estamos, estáis, están** |
| PRET. IND. | **estuve, estuviste, estuvo, estuvimos, estuvisteis, estuvieron** |
| PRES. SUBJ. | **esté, estés, esté, estemos, estéis, estén** |
| IMPERF. SUBJ. | (**r** form) **estuviera**, etc. |
| | (**s** form) **estuviese**, etc. |
| COMMAND | **está, esté, estemos, estad, estén** |

## haber *to have (impers., to be)*

| | |
|---|---|
| PRES. IND. | **he, has, ha** (impersonal, **hay**), **hemos, habéis, han** |
| PRET. IND. | **hube, hubiste, hubo, hubimos, hubisteis, hubieron** |
| FUT. IND. | **habré, habrás, habrá, habremos, habréis, habrán** |
| COND. | **habría, habrías, habría, habríamos, habríais, habrían** |
| PRES. SUBJ. | **haya, hayas, haya, hayamos, hayáis, hayan** |
| IMPERF. SUBJ. | (**r** form) **hubiera**, etc. |
| | (**s** form) **hubiese**, etc. |

## hacer *to do, make*

| | |
|---|---|
| PRES. IND. | **hago, haces, hace, hacemos, hacéis, hacen** |
| PRET. IND. | **hice, hiciste, hizo, hicimos, hicisteis, hicieron** |
| FUT. IND. | **haré, harás, hará, haremos, haréis, harán** |
| COND. | **haría, harías, haría, haríamos, haríais, harían** |
| PRES. SUBJ. | **haga, hagas, haga, hagamos, hagáis, hagan** |
| IMPERF. SUBJ. | (**r** form) **hiciera**, etc. |
| | (**s** form) **hiciese**, etc. |
| COMMAND | **haz, haga, hagamos, haced, hagan** |
| PAST PART. | **hecho** |

## ir *to go*

| | |
|---|---|
| PRES. IND. | **voy, vas, va, vamos, vais, van** |
| IMPERF. IND. | **iba, ibas, iba, íbamos, ibais, iban** |
| PRET. IND. | **fui, fuiste, fue, fuimos, fuisteis, fueron** |
| PRES. SUBJ. | **vaya, vayas, vaya, vayamos, vayáis, vayan** |
| IMPERF. SUBJ. | (**r** form) **fuera**, etc. |
| | (**s** form) **fuese**, etc. |
| COMMAND | **ve, vaya, vayamos, id, vayan** |
| PAST PART. | **yendo** |

## jugar *to play*

| | |
|---|---|
| PRES. IND. | juego, juegas, juega, jugamos, jugáis, juegan |
| PRET. IND. | jugué, jugaste, jugó, jugamos, jugasteis, jugaron |
| PRES. SUBJ. | juegue, juegues, juegue, juguemos, juguéis, jueguen |
| COMMAND | juega, juegue, juguemos, jugad, jueguen |

## oír *to hear*

| | |
|---|---|
| PRES. IND. | oigo, oyes, oye, oímos, oís, oyen |
| PRET. IND. | oí, oíste, oyó, oímos, oísteis, oyeron |
| PRES. SUBJ. | oiga, oigas, oiga, oigamos, oigáis, oigan |
| IMPERF. SUBJ. | { (r form) oyera, etc. <br> { (s form) oyese, etc. |
| COMMAND | oye, oiga, oigamos, oíd, oigan |
| PAST PART. | oído |
| PRES. PART. | oyendo |

## tener *to have*

| | |
|---|---|
| PRES. IND. | tengo, tienes, tiene, tenemos, tenéis, tienen |
| PRET. IND. | tuve, tuviste, tuvo, tuvimos, tuvisteis, tuvieron |
| FUT. IND. | tendré, tendrás, tendrá, tendremos, tendréis, tendrán |
| COND. | tendría, tendrías, tendría, tendríamos, tendríais, tendrían |
| PRES. SUBJ. | tenga, tengas, tenga, tengamos, tengáis, tengan |
| IMPERF. SUBJ. | { (r form) tuviera, etc. <br> { (s form) tuviese, etc. |
| COMMAND | ten, tenga, tengamos, tened, tengan |

## traer *to bring*

| | |
|---|---|
| PRES. IND. | traigo, traes, trae, traemos, traéis, traen |
| PRET. IND. | traje, trajiste, trajo, trajimos, trajisteis, trajeron |
| PRES. SUBJ. | traiga, traigas, traiga, traigamos, traigáis, traigan |
| IMPERF. SUBJ. | { (r form) trajera, etc. <br> { (s form) trajese, etc. |
| PAST PART. | traído |
| PRES. PART. | trayendo |
| COMMAND | trae, traiga, traigamos, traed, traigan |

## valer *to be worth*

| | |
|---|---|
| PRES. IND. | valgo, vales, vale, valemos, valéis, valen |
| FUT. IND. | valdré, valdrás, valdrá, valdremos, valdréis, valdrán |
| COND. | valdría, valdrías, valdría, valdríamos, valdríais, valdrían |
| PRES. SUBJ. | valga, valgas, valga, valgamos, valgáis, valgan |
| COMMAND | vale, valga, valgamos, valed, valgan |

## venir *to come*

| | |
|---|---|
| PRES. IND. | vengo, vienes, viene, venimos, venís, vienen |
| PRET. IND. | vine, viniste, vino, vinimos, vinisteis, vinieron |
| FUT. IND. | vendré, vendrás, vendrá, vendremos, vendréis, vendrán |
| COND. | vendría, vendrías, vendría, vendríamos, vendríais, vendrían |
| PRES. SUBJ. | venga, vengas, venga, vengamos, vengáis, vengan |
| IMPERF. SUBJ. | { (r form) viniera, etc. <br> { (s form) viniese, etc. |
| COMMAND | ven, venga, vengamos, venid, vengan |
| PRES. PART. | viniendo |

| | **ver** *to see* |
|---|---|
| PRES. IND. | **veo, ves, ve, vemos, veis, ven** |
| IMPERF. IND. | **veía, veías, veía, veíamos, veíais, veían** |
| PRES. SUBJ. | **vea, veas, vea, veamos, veáis, vean** |
| COMMAND | **ve, vea, veamos, ved, vean** |
| PAST PART. | **visto** |

## Numbers (Números)

### Cardinales

| | | | |
|---|---|---|---|
| 0 | cero | 30 | treinta |
| 1 | uno, un, una | 31 | treinta y uno (un, una) |
| 2 | dos | 32 | treinta y dos, etc. |
| 3 | tres | 40 | cuarenta |
| 4 | cuatro | 50 | cincuenta |
| 5 | cinco | 60 | sesenta |
| 6 | seis | 70 | setenta |
| 7 | siete | 80 | ochenta |
| 8 | ocho | 90 | noventa |
| 9 | nueve | 100 | ciento, cien |
| 10 | diez | 105 | ciento cinco |
| 11 | once | 200 | doscientos, -as |
| 12 | doce | 300 | trescientos, -as |
| 13 | trece | 400 | cuatrocientos, -as |
| 14 | catorce | 500 | quinientos, -as |
| 15 | quince | 600 | seiscientos, -as |
| 16 | diez y seis, dieciséis | 700 | setecientos, -as |
| 17 | diez y siete, diecisiete | 800 | ochocientos, -as |
| 18 | diez y ocho, dieciocho | 900 | novecientos, -as |
| 19 | diez y nueve, diecinueve | 999 | novecientos noventa y nueve |
| 20 | veinte | 1.000 | mil |
| 21 | veintiuno, veintiún, veintiuna, veinte y uno, veinte y un, veinte y una | 1.009 | mil nueve |
| | | 2.000 | dos mil |
| 22 | veintidós, veinte y dos | 5.888 | cinco mil ochocientos ochenta y ocho |
| 23 | veintitrés, veinte y tres | | |
| 24 | veinticuatro, etc. | 27.777 | veintisiete mil setecientos setenta y siete |
| 25 | veinticinco, etc. | | |
| 26 | veintiséis, etc. | 100.000 | cien mil |
| 27 | veintisiete, etc. | 1.000.000 | un millón |
| 28 | veintiocho, etc. | 2.000.000 | dos millones |
| 29 | veintinueve, etc. | 4.196.234 | cuatro millones ciento noventa y seis mil doscientos treinta y cuatro |

### Ordinales

| | | | |
|---|---|---|---|
| 1st | primer(o, a) | 6th | sexto(a) |
| 2nd | segundo(a) | 7th | séptimo(a) |
| 3rd | tercer(o, a) | 8th | octavo(a) |
| 4th | cuarto(a) | 9th | noveno(a) |
| 5th | quinto(a) | 10th | décimo(a) |